2k

Etienne CREISSEL

Pierre, David et Jean Serres

Galériens Protestants

1685-1714

*Si tu me voyais dans mes beaux habits
de forçat, tu serais ravie.*
LOUIS DE MAROLLES.

Etienne CREISSEL

Pierre, David et Jean Serres

Galériens Protestants

1685-1714

*Si tu me voyais dans mes beaux habits
de forçat, tu serais ravie.*

LOUIS DE MAROLLES.

CAHORS

IMPRIMERIE A. COUESLANT, 1, RUE DES CAPUCINS

1900

Je dédie ces lignes à mon père, un Cévenol, un descendant des Huguenots : et à ma mère, petite-nièce de Jean Marteilhe.

Et. C.

Introduction

Il est profondément regrettable qu'un si grand
nombre de figures de la Réforme française soient si
généralement inconnues. Il est peu d'hommes, à
l'heure actuelle, qui étudient le détail des persécu-
sions ; c'est ce qui explique, en partie, la difficulté
de la tâche. Après tout, c'est à ces martyrs que nous
devons la conservation de nos croyances et notre
fierté légitime de huguenots. Mais qui sont-ils ? Par
quel chemin ont-ils passé ? Quelles traces ont-ils
laissées ? Comment s'appellent-ils ? Un peu trop
d'oubli plane sur eux. Qui connaît, en particulier,
les trois frères Serres ?

Parmi ceux qui se sont occupés de l'histoire des
persécutions, il n'est personne qui s'y soit plus
adonné que M. le pasteur Benoît. Son infatigable
étude, son amour du sujet, ses précieuses qualités
d'historien lui valent une haute compétence dans la
question. C'est à lui que nous devons d'avoir entre-
pris ce travail; c'est lui qui nous a indiqué les trois
frères et qui nous a donné les premières directions.
M. Benoît comptait lui-même raconter la vie des
Serres ; il y a renoncé, faute de temps, et nous a
communiqué quelques notes et quelques manuscrits.
Tout en regrettant qu'il ait dû abandonner son projet, nous lui adressons ici l'expression de notre vive
reconnaissance, de ce qu'il nous ait indiqué la plus
intéressante des études, et de ce que, d'autre part,
il nous ait communiqué, plus encore qu'un simple

manuscrit, un peu de son enthousiasme chaleureux de huguenot.

Nous avons rencontré, en général, chez toutes les personnes auxquelles nous nous sommes adressé, pasteurs, professeurs, archivistes, bibliothécaires, etc., l'accueil le plus cordial. La liste en serait longue. Nous exprimons à tous l'expression de notre gratitude, sans les nommer, à l'exception de M. le pasteur Fonbrune-Berbinau, dont l'empressement à nous être très utile nous a beaucoup touché.

Les principales sources de la biographie des frères Serres sont : les *lettres inédites* recueillies par *Antoine Court*; le *Bulletin de l'Histoire du protestantisme français* et les deux collections des *Archives de la Marine*, se rapportant aux *Ordres et Dépêches* de Louis XIV et aux *Lettres reçues* des Intendants. Ce dernier travail est certainement le plus long et le plus difficile.

Montauban, Grenoble, Marseille, Genève et Londres devraient avoir des données sur les trois frères. Nous n'avons rien pu avoir directement de ces cinq villes. A Grenoble, par exemple, on n'a aucune trace de leur passage ; les registres d'écrous manquent précisément pour la période intéressante 1681-1686.

Malgré ces lacunes, si ce travail pouvait réparer en quelque mesure l'oubli regrettable dans lequel sont plongés trois de nos ancêtres, s'il arrivait à faire revivre un tant soit peu parmi nous ces rudes caractères, ces austères vertus de jadis, s'il arrivait surtout à faire aimer un peu plus le Dieu et le Christ des huguenots, nous bénirions la peine qu'il nous a value.

ETIENNE CREISSEL,

25 mai 1900.

Bibliographie

PUBLICATIONS

Bulletin de l'Histoire du Protestantisme français.
Tomes : VII ; VIII ; XII ; XV ; XVI ; XVII ; XVIII ; XIX ; XXIV ;
XXVII ; XXIX ; XXX ; XXXI ; XXXVIII ; XXXIX ; XLII.

Jean Marteilhe. — *Mémoires d'un protestant condamné aux galères de France.* Rotterdam, 1757.
Réimprimé à Paris, 1865, par M. Paumier.

Jean Bion. — *Relation des tourments qu'on fait
souffrir aux protestants qui sont sur les galères de
France.* Réimpression de M. O. Douen, 1881.

P. Fonbrune-Berbinau. — *Daniel de Superville.*
Chambéry. Imp. Ménard, 1886.

De France. — *Montalbanais et Refuge.*

*Histoire des souffrances du bienheureux martyr
Louis de Marolles.* La Haye, 1699 ; Rotterdam, 1701 ;
Londres, 1713.

Histoire des souffrances d'Isaac Lefèvre. Birming-
ham, 1788.

Pierre Clément. — *La Police sous Louis XIV.*

Élie Benoit. — *Histoire de l'Édit de Nantes.*

Haag. — *France protestante.*

H. Bordier. — *France protestante.*

Passages de la Bible. — *Daniel, saint Matthieu,
saint Marc.*

MANUSCRITS

Antoine Court. — *Lettres inédites.* Tomes I ; II ;
XI ; XIII. (Collection de la Bibliothèque protestante.
Communications de MM. les pasteurs Benoit et Fon-
brune-Berbinau.)

Archives de la Marine. Registres des ordres du roi et des dépêches concernant les galères. Années 1685 à 1715. (Bibliothèque des Archives nationales.)

Archives de la Marine. Collection des *Lettres reçues* des intendants et des officiers des galères. Années 1685 à 1715. (Bibliothèque des Archives nationales.)

Archives nationales. *Registres du secrétariat.* Ordres royaux de toute sorte. Années 1685 à 1715. (Bibliothèque des Archives nationales.)

Archives. *Comptes des biens des religionnaires fugitifs de la généralité de Montauban.* (Bibliothèque des Archives nationales.)

Archives. *Recueil des ordonnances, édits, déclarations et règlements concernant les galères de France,* par Du Gay, lieutenant de galère. Ouvrage en quinze volumes. (Bibliothèque des Archives nationales.)

Archives du Consistoire de Montauban (Bibliothèque des Archives nationales.)

Etat Civil des Protestants. Montauban. Mariages, 1655; baptèmes, 1663 et 1665.

CHAPITRE PREMIER

Arrestation des frères Serres.
Perspective d'avenir.

I. — ARRESTATION.

Au lendemain de la Révocation de l'Edit de Nantes, en novembre 1685, sur la frontière de Savoie, au moment où ils allaient franchir le dernier obstacle à leur liberté, trois protestants, trois frères, *Pierre, David* et *Jean Serres* furent arrêtés et jetés en prison [1].

Le récit de cette tentative exciterait, sans doute, le plus vif intérêt. Le long trajet de Montauban, pays d'origine des frères Serres, jusqu'en Savoie, dût être parsemé d'obstacles difficiles, tel le trajet que fit *Jean Marteilhe*, de Bergerac à la frontière belge. Malheureusement nous ne savons rien à ce sujet. Disons seulement que, si, de tout temps, la fuite des protestants fut une opération des plus compliquées sous le règne de Louis XIV, elle était particulièrement malaisée à l'époque où les frères Serres la tentèrent. On se demande ce qui pouvait dérober les fugitifs à la vigilance des Intendants. Se représente-t-on la surveillance exercée par les soldats et les douaniers, le service d'espionnage au moyen de paysans gagnés? La nation tout entière traquait quelques milliers d'hommes, qui, s'ils parvenaient jusqu'à la frontière, ne pouvaient guère franchir ce dernier obstacle. Tous les passages étaient gardés nuit et

---

[1] Cf. Bull, XXXVIII, page 146, note 1 et De France, *Montalbanais et Refuge*, p. 487-488.

jour. Les routes, les sentiers, les ponts étaient bar-
rés par la maréchaussée, et des juges en permanence
envoyaient immédiatement en lieu sûr tous ceux qui
rappelaient en quelque mesure, la *Religion Préten-
due Réformée.*

2. — LES « PRISONS D'ATTENTE ».

Avant leur jugement, tous ceux qui avaient été
arrêtés étaient enfermés dans les *prisons d'attente*,
retraites obscures, si sombres, que le prisonnier ne
recevait souvent pas le moindre rayon de lumière et
qu'il se croyait parfois au-dessous du sol, alors qu'en
réalité il pouvait être au second étage. Alors le
jour ne se distinguait pas de la nuit ; le pain et l'eau
que portait le geôlier, tous les matins, étaient le seul
indice du commencement de la journée. Il y avait
défense formelle de jamais allumer ni feu ni lumière.
Un peu de paille brisée, étendue sur les dalles, ser-
vait de lit. Les rats et les souris détruisaient tout :
paille, vêtements, nourriture.

C'étaient des salles spacieuses, pouvant contenir
de nombreux prisonniers. Le protestant avait comme
compagnon de captivité des scélérats de toute espèce, dont il ne savait pas le nombre, ne pouvant
rien voir. Il s'y passait des scènes horribles. Dès
qu'un nouveau pensionnaire était amené, plusieurs
de ces individus arrêtés pour crimes se présentaient
à la porte, l'entouraient aussitôt et lui demandaient
son argent. Si le malheureux refusait, ou s'il n'avait
pas d'argent, on le soulevait sur un drap tendu aussi
haut que possible, pour le laisser retomber ensuite
sur les pierres du cachot. S'il survenait alors un geôlier et qu'il vit le patient anéanti, brisé, pour savoir
s'il vivait encore, il le frappait à coups de plat de
sabre [1].

Au sujet de ces prisons d'attente, voici ce qu'écrivait, en 1686, *Louis de Marolles* [2] : « Je l'appelle

[1] Cf. Jean Marteilhe. *Mémoires d'un protestant...*, p. 105 et suiv.
[2] Cf. Bull. XII, p. 433.

» infâme (mon cachot) parce que l'on n'y entend pas
» une parole honneste : tout y retentit de saletés et de
» blasphèmes exécrables. L'on y fait tant de bruit et
» le jour et la plupart de la nuit, qu'à peine pouvois-je
» cy-devant trouver quelque heureux moment pour
» élever mon cœur à Dieu... Nous couchons cin-
» quante-trois hommes, dans un lieu qui n'a pas cinq
» toises (9ᵐ 70 environ) de longueur, et pas plus
» d'une et demi (2ᵐ 90) de largeur. Il couche à mon
» côté droit, un païsan malade, qui a sa tête à mes
» piés, et ses piés à ma tête ; il en est de même des
» autres ; il n'y en a peut être pas un d'entre nous
» qui n'envie la condition de plusieurs chiens et
» chevaux... »

Quelle que fût la triste condition de ces prisonniers, conséquence de l'impitoyable rigueur des gou-
vernants, il ne faut pas méconnaître que dans le
nombre il y eut des gens assez raisonnables pour
modérer leur sévérité, soit par l'appât d'une récompense, soit même par simple humanité. Des inté-
ressés ou des hommes de cœur distinguèrent, à
l'occasion, les prisonniers pour crimes des prisonniers *religionnaires*, considérant ceux-ci comme
des âmes un peu moins viles que ceux-là, et leur ré-
servant des ménagements qu'il serait injuste de taire.
Mais ils étaient une infime minorité, et cette exception ne fait malheureusement que confirmer la règle
générale.

3. — LA « CHAINE ».

Quand on avait un nombre suffisant de *condamnés
aux galères*, on faisait la *chaîne* pour la diriger vers
Marseille, rendez-vous général[1]. On rangeait les forçats deux par deux, les uns derrière les autres. Chaque couple était uni par une petite chaîne, portant
trois gros anneaux : deux aux extrémités pour em-

---

[1] Il y eut également des galères à Bordeaux, Brest, Saint-Malo, Dunkerque, etc.

brasser le cou, et un au milieu, par lequel on faisait passer une longue et lourde chaîne reliant tous les couples. Partis quelques uns de fort loin, par exemple, de Paris, ou de Bordeaux, parfois du Hâvre, les condamnés voyaient, en route, de nouveaux compagnons s'aligner derrière eux, et c'est généralement en grand nombre qu'ils arrivaient à Marseille.

En route, la fatigue du chemin, les mauvais traitements, l'alimentation défectueuse, causaient bien des souffrances et même bien des décès. Les coups pleuvaient sur les défaillants ; les chariots réglementaires, à l'usage des fatigués et des invalides, par le caprice des conducteurs recevaient peu de monde. Par des froids de plusieurs degrés, —0, sous le futile prétexte de visiter leurs vêtements, on obligeait les condamnés à se déshabiller, et beaucoup mouraient de froid ; mais les chefs s'enrichissaient à leurs dépens[1].

Cette rigueur devint si criante, que le roi lui-même en entendit parler. Le ministre de la marine en écrivit :

« A M. Begon, de Fontainebleau, 10 octobre 1685.

« Sa majesté, ayant esté jnformée qu'jl est mort » plusieurs forçats en chemin des dernières chaisnes » qui ont esté conduites à Marseille, et que cela peut » prouenir du peu de soin que les conducteurs ont » pris de leur subsistance, jl faut que vous obseruiez » à l'aduenir de vous jnformer bien exactement à » l'arrivée desdites chaisnes de la manière dont les » forçats auront esté nourris, si les malades ont esté » bien soignés et du nombre d'hommes qu'jl y aura » eu à leur garde, estant à craindre que lesdits con- » ducteurs ne fassent pas leurs deuoirs à cet égard[2] »

Le 5 décembre de la même année, une information fut ouverte contre le nommé *Levasseur*, qui avait eu la direction de la chaîne de Paris[3]. Le 15 janvier 1686, le ministre parle des « conducteurs de chaisnes qui » se font des profits illégitimes en se rendant eux-

[1] Cf. Jean Martheilhe, *Mémoires d'un protestant...*, p. 326 et suiv.
[2] Cf. Archives de la marine. *Ordres et Depesches*, 1685.
[3] Cf. Archives de la marine, *Ordres et Depesches*, 1686.

» mêmes les marchants et les fournisseurs des uiures
» que lesdits criminels veulent auoir. ». Il remarque
» la dureté auec la quelle jls les battent lorsqu'ils sont
» malades,... les violences, emportemens et extor-
» sions [1]. » Ils battent les prisonniers « à coups de
» fusil ou de marteau. » Sa Majesté est obligée de
commettre un surveillant (était-ce une garantie ?) pour
accompagner la Chaîne de Paris et faire cesser ces
exactions. Les conducteurs forcent les plus invalides
à marcher pour économiser pour eux-mêmes l'argent
affecté au charettes. Ils volent leurs hardes et tout
ce qu'ils ont aux prisonniers ; ils diminuent les ra-
tions de vivres,... etc. etc. [2].

On s'étonne que les chefs fussent si cruels, quand
on réfléchit qu'ils étaient payés, à leur arrivée, à raison de tant par homme. Mais on remettait, au départ, une somme destinée à l'entretien des prisonniers, au conducteur, qui trouvait encore plus de bé-
néfice à tuer ses prisonniers en gardant l'argent de
leur voyage, qu'à leur conserver la vie en recevant la
prime réglementaire [3].

4. — Les galères

Ces longs trajets effectués à raison de trois ou
quatre lieues par jour, pendant lesquels on peut se
représenter les condamnés surchargés de lourdes
chaînes, mouillés jusqu'aux os les jours de pluie, en-
gourdis par le froid en hiver, les pieds dans la boue,
couchant dans des écuries sans pouvoir dormir, mal
nourris, souvent accouplés avec des galeux dont la
vermine rejaillissait jusque sur eux [4], ces longs trajets, disons-nous, se terminaient par l'arrivée à
Marseille et par la dispersion sur les *Galères* [5].

[1] Cf. Ibidem. Année 1686.
[2] Cf. Arch. Marine, *Ordres et Depesches* 1690, passim.
[3] Cf. Jean Martheilhe, *Mémoires d'un protestant*, p. 337-338.
[4] Cf. Ibidem, passim.
[5] Cf J. Martheilhe, *Mémoires* ; Jean Bion *Relation des tourments* ; et Bull. passim.

Les galères [1] étaient des bateaux longs, légers,
rapides, effilés, cinq ou six fois plus longs que larges.
L'avant ou *proue*, était relié à l'arrière, ou *poupe*, par
un seul passage appelé le *coursier* assez élevé au-
dessus du pont et formant une longue caisse. A

[1] Un vieux manuscrit original, en deux cahiers, sans date précise, mais
qui est de 1713, signé *Barras de Lapenne*, et intitulé *Mémoires touchant
l'importance et l'utilité des Galères*, par M. Barras de Lapenne, capitaine
des galères, fait sur l'étymologie du mot *galère*, les curieuses réflexions
suivantes :

« Les opinions sont différentes au sujet de l'étimologie du mot Galère ;
» quelques uns ont dérivé ce nom du chapeau renversé de Mercure, qui le
» nommoit *Galerus*, prétendant que le creux en représente le Corps, et les
» ailes les rames. J'ay honte de rapporter cette Etimologie, tant elle pa-
» roit ridicule ; on en va lire qui n'ont pas plus de solidité ni de raison,
» j'espère qu'elles serviront à faire connoître au Lecteur le peu de fonde-
» ment qu'il doit faire sur tout ce que les sçavants, sans pratique, ont écrit
» au sujet des Galères.
» Quelques Auteurs ont attribué aux *Gaulois* l'étimologie de Galère, sup-
» posant que ces peuples furent les premiers entre les hommes qui surmon-
» tèrent les eaux du Déluge ; ou comme d'autres le rapportent, parce qu'ils
» ont été les premiers qui ont vogué sur mer.
» Suretière rapporte dans son dictionnaire que les noms de Galère, Ga-
» liote et Galéasse sont derivez des mots syriaques et Chaldaïque *Gaulois* et
» *Galius*, qui signifient un homme exposé sur les eaux, et des vaisseaux
» de bois.
» Le sentiment de Caseneuve est que Galère vient du mot *Galin* qui signi-
» fie *Barque*. Il ajoute qu'il peut aussi avoir été formé de *Gaulus*, qui est
» une espèce de bateau, dont Aulugelle fait mention en ces termes : *Festus*
» *Gaulus nomen navigii.*
» Scaliger et Vossius ont dérivé le mot galère de *Galea*, qui étoit une espèce
« de casque ou de Morion, qui se donnoit qu'aux soldats des Galères. D'au-
» tres auteurs tirent l'Etimologie de Galère d'un Casque qu'on mettoit au-
» trefois, disent-ils, sur la proüe de ces batimens : je doute que cette opi-
» nion ayt plus de vray-semblance que les précédentes, quoique pour
» l'appuyer on cite ces deux vers d'Ovide :

Est mihi, sitque precor, flavæ tutela Minervæ
Navis ; et a picta casside, nomen habet

» Ce passage ne peut servir qu'à prouver que le batiment dont parle
» Ovide avoit ce nom particulier, par rapport à son casque peint à proüe,
» mais il ne s'ensuit pas que tous les autres batimens eussent le même
» nom, on met aujourd'huy des figures sur les Poupes des Galeres et au bout
» de l'Eperon à proüe, qui ont rapport au nom particulier de chaque Ga-
» lère. On voit, par exemple, une sirène sur la poupe de la Galère qui
» porte ce nom, et une autre au bout de l'Eperon à proüe. Celle qu'on ap-
» pelle France, porte un Coq aux mêmes endroits, et ainsi des autres.
» Il y a des Sçavants qui ont cru que l'Etimologie du nom Galère venoit
» de la principale pièce qui la distingue des autres vaisseaux, c'est-à-dire
» de la Rame ; d'une partie de laquelle ils se sont imaginez que leur nom

droite et à gauche de ce coursier, étaient disposés
50 bancs de rameurs, — 25 de chaque côté. Sur
chaque banc, recouvert de cuir et rembourré, prenaient place 5 ou 6 forçats ayant à manier une longue
et lourde rame. Il y avait, en général, 250-300 hommes exclusivement consacrés à ce travail. C'était
l'office des *galériens* ou *chiourmes*. Enchaînés à
leurs places respectives, les pieds sur une barre de
bois pour avoir plus de force, ces 300 hommes se
soulevaient, en poussant leurs rames, pour retomber
ensuite, tous ensemble, sur leurs bancs, en tirant ces
rames par des anneaux fixés, à cet effet. Tous ensemble ! Car l'effort n'était rien à côté de la cadence. Il
suffisait du moindre retard de quelques-uns, pour
que les hommes de devant vinssent se casser la tête
contre la rame qui avait faibli, et pour que les six
rameurs en retard fussent violemment jetés à terre.

La galère était commandée par un *capitaine*, qui
se tenait à la poupe. Il avait la direction du bateau,
et transmettait ses ordres au *maître-comite*, toujours
placé à côté de lui. Ce dernier commandait, à son
tour, deux *sous-comites*, placés, l'un au milieu du

» pourroit bien avoir été dérivé ; parce que c'est elle qui, frapant l'eau,
» donne du mouvement à une galère, ils prétendent que de cette partie qu'on
» nomme *Pale*, on pourroit bien avoir dérivé le mot Galère au lieu de *Po-*
» *lere*.

» Ménage a cru que notre mot Galère, et l'Italien de même que l'Espa-
» gnol *Galera*, ont été faits de *Galea*, dont on se servoit autrefois au lieu de
» *Galera*. Il dit que *Galea* vient de γαλκη, qui, suivant l'interprétation
» qu'en donne Hesychius, signifie un banc, un lieu où il y a plusieurs siè-
» ges tel qu'on les voit dans les Galères ; pourquoi ne pas dire *Bancs* qui
» est le nom propre de ce que Ménage nomme siège.

» Quoique cette opinion soit plus raisonnable que les précédentes, ceux
» qui attribuent aux poissons l'Etimologie du mot Galère paroissent mieux
» fondez, car outre qu'il est tres vray-semblable que les poissons ont servi
» de modèle aux premiers Constructeurs, il est certain que tous les pois-
» sons longs ont été appelez γαλεοι : et comme les Galères sont des vais-
» seaux longs, qu'elles nagent, pour ainsi dire comme des poissons, on peut
» avoir donné, par rapport à eux, le nom de *Galea* aux Galères. C'est le
» sentiment de filippo Pigattela, rapporté dans le Dictionnaire Etimo-
» logique... »

Signé : Barras de Lapesse.
              Cf. Arch. Marine, *Lettres reçues* 1713.

coursier, l'autre à la proue, frappant avec une corde les galériens pour les exciter.

Tel était en deux mots le genre de vie du galérien et son occupation la plus immédiate. Il dépendait uniquement de ses chefs, toujours armés de cordes ou de bâtons, et dont la sévérité était laissée à leur discrétion. C'est dire qu'il y avait place pour toutes les brutalités.

Notons que les galères, à cause de leur légèreté, étaient des bateaux à peu près inutiles en cas de guerre. Elles avaient plus de valeur comme instrument de piraterie. Leur arrivée sur une cargaison était soudaine ; elles échappaient souvent au feu des frégates ennemies, et les soldats cachés à l'intérieur se montraient seulement au moment favorable. Mais si l'une d'elles se trouvait aux prises avec un bateau de guerre, c'était un massacre de forçats enchaînés et sans défense. Les galères n'étaient pas un instrument de combat. Le métier y était très dur. C'était un bagne pour les criminels.

Pendant les grands froids de l'hiver, ou lorsque la mer était mauvaise, les galères restaient dans la rade ; les forçats travaillaient quand même. Les uns se faisaient commerçants et, enchaînés dans des baraques sur le port, ils trafiquaient, sous la surveillance de gardiens, d'objets qu'ils confectionnaient, falsifiaient ou volaient. D'autres avaient la faculté de travailler en ville, dans différents corps de métier, mais dans ce cas, chacun était enchaîné avec un *pertuisanier* [1], responsable de sa personne. Par exception, les forçats protestants étaient privés de cette tolérance [2]. Sans doute, il y eut des infractions à ces réglements. Des galériens, et même des galériens protestants furent surpris en ville, déchaînés, non accouplés ; car il était difficile, soit parce que les *comites* ou les *argousins* avaient été gagnés à prix d'argent, soit par manque de surveillance rigoureuse, de faire

---

[1] Garde de chiourme, armé de la *pertuisane*, sorte de hallebarde.
[2] Cf. Jean Bion. *Relation des Tourments*... Préface, page 6. Paris, Grassart, 1881.

observer les ordres du roi. Toutefois n'exagérons pas. Ces ordres étaient formels et les forçats *religionnaires* en étaient réduits à tricoter des bas sur leurs bancs [1].

Comme nourriture, le traitement règlementaire se composait simplement de pain, de fèves et d'eau; mais les forçats avaient la faculté de se procurer, à prix d'argent, tout ce qu'ils voulaient. Pendant les journées de rigueurs spéciales, le pain et les fèves furent souvent l'unique ressource des galériens protestants. Quant à leur costume, il fut règlementé, en 1686, d'après une *Proposition pour faire la fourniture des habits des forçats des Galères du Roy* [2].

« ..... L'habit d'un forçat consistera en deux che-
» mises, deux caleçons, un bonnet de laine et une
» paire de bas de laine qui seront fournis tous les
» ans au mois de janvier à touttes les Galères, laquelle
» fourniture commencera au premier jour de janvier
» de l'année prochaine 1687.
» Outre les hardes cy dessus il sera fourni dans le
» même temps à la moitié des Galères les capots et
» casaques de Cordillac doublées de toile nécessai-
» res pour l'habillement de la chiourme et au mois
» de janvier de l'année suivante lesdits capots et
» casaques seront fournies à l'autre moitié en sorte
» que lesdits casaques et capots dureront deux
» ans [3] ..... »

---

[1] Pour tout les détails généraux concernant les galères, cf. Jean Marteilhe. *Mémoires d'un protestant*, page 430 et suiv.

[2] Cf. Archives de la Marine. *Lettres reçues*. Année 1686.

[3] Dans les Archives de la Marine. *Lettres reçues*. Année 1694, se trouve à la date du 8 décembre un *Mémoire sur les Inconvénients qu'il y a à retenir les chiourmes dans les Galères sans leur permettre de travailler, comme elles ont fait de tous tems*, par M. de Bombelles, major des galères. On y trouve des détails suivants:

« Le Roy ne donne pour la subsistance de ses chiourmes que le pain, des
» fèves, et de l'eau. Et sa Majesté ne s'est épargnée jusqu'à présent la
» dépense de les norrir autrement qu'en leur permettant de travailler
» chacun de sa vacation.
» Une partie des chiourmes travaille ou revend dans les barraques.
» L'autre va dans la ville en couple pour négocier ou vendre les bas que
» fait la troisième partie qui reste ordinairement sur les Galères. Et ce
» sont les nouveaux forçats qui sont dispersés dans les bancs parmy les

On peut comprendre dès lors tout ce que souffraient les chiourmes en général, et les huguenots en particulier. Les longues années de galères finissaient par leur rendre la vie insupportable. Beaucoup se sont suicidés, comme le Ministre de la Marine le constata au besoin [1]. La situation faite aux protestants est résumée dans les lignes suivantes, extraites d'un ouvrage : *La Police sous Louis XIV*, paru en 1867, sous la signature de *Pierre Clément*, de l'Institut [2].

« Se figure-t-on le dégoût que durent éprouver les
» protestants obligés de vivre au milieu de ces impu-
» retés et de cette dégradation, lorsque ceux qui
» refusèrent d'abjurer et qui furent arrêtés dans leurs
» conciliabules, ou en essayant de passer à l'étran-
» ger, eurent à subir la peine des galères? Justement
» odieuse aux condamnés d'un rang infime qui
» avaient forfait à l'honneur ou aux lois naturelles,
» une telle peine était monstrueuse pour d'honnêtes
» gens dont la conscience glorifiait les résistances,
» et l'on n'est plus étonné, en songeant à ce qu'ils
» avaient à souffrir, du nombre de suicides signalés
» par les intendants... »

» anciens qui s'occupent à ce travail par le moyen des vieux, qui leur four-
» nissent du cotton ou du fil pour le faire, ce qui leur produit de quoy
» avoir un peu de vin et quelque autre chose pour se norrir avec leur
» pain......

» Il est constant que si l'on privoit les chiourmes de cette liberté, la
» plus grande partie tomberoit malade de chagrin et de fantaisie, et
» n'étant norris que de pain et d'eau, ne seroient pas en état de rendre au
» Roy les services que Sa Majesté en espère, lorsqu'elle ordonne l'arme-
» mement de ses galères.

» L'on remarque visiblement au commencement des campagnes que ceux
» qui sont habitués au travail sont en haleine, et n'ont pas tant de peine à
» s'y accoutumer que les autres qui ne se sont occupés qu'à faire des bas
» et n'ont pas été si bien norris : Et ce sont ces derniers qui tombent
» malades les premiers, ne pouvant d'abord faire la même force que les
» autres, jusqu'à ce que la bonne norriture les ait mis en état de résister
» au travail......

» Fait à Marseille, le 8 décembre 1694.

» DE BOMBELLES. »

[1] Cf. Archives de la Marine. *Ordres et Dépesches.* 1694. *Au sieur Pellissery,* 31 mars.

[2] Cf. Bull. XVI, p. 338.

CHAPITRE II.

Jugement et condamnation des frères Serres.

Leur origine. Leur famille.

I. — JUGEMENT ET CONDAMNATION.

C'est à *Grenoble* que les frères Serres firent leur prison préventive.

Pendant les premiers mois de l'année 1685, on faisait encore parmi les protestants arrêtés un triage de ceux qu'il fallait garder et de ceux qu'il fallait relâcher. Les condamnations différaient sensiblement. Tous n'étaient pas envoyés aux galères. On les punissait volontiers du bannissement, de l'exil, de l'amende honorable; ou simplement on les reconduisait chez eux, à leurs frais, avec défense de sortir du royaume. Il n'en fut plus de même à partir de la Révocation de l'Edit de Nantes. Tous ceux qui furent arrêtés après le 17 octobre 1685, étaient certains d'aller aux galères [1].

Les frères Serres arrivaient donc au moment précis où cette modification s'opérait. Arrêtés au lendemain de la Révocation, ils ne devaient pas échapper au bagne de Marseille. Le 11 janvier 1686, la Cour de parlement de Grenoble « procéda extraordinairement contre David, Jean et Pierre Serres, frères, originaires de Montauban ». Dans cette assignation étaient comprises avec eux, à la même date, six autres personnes, parmi lesquelles : *Antoine-Charles*, comme eux de Montauban; *Elie Maurin*, de Châtellerault; et une femme, *Jeanne Barbesau* [2].

---

1. Cf. Bull. VII, page 135 et suiv.
2. Cf. Ibidem.

« La Cour de parlement *procède extraordinairement* », disent les registres. Cette expression revient fréquemment, surtout lorsqu'il s'agit des protestants. Le terme de *procès extraordinaire* signifie, comme les mots le laissent aisément deviner, que l'on avait des charges toutes spéciales contre les prévenus. « La procédure extraordinaire, dit Pauthier [1], est celle qui n'a pas lieu pour les délits légers et ordinaires, mais pour les crimes graves, qui peuvent mériter quelques peines afflictives ou infâmantes. » Les réformés étaient, donc accusés de crimes graves que la rigueur des arrêts punissaient par la peine infâmante des galères.

Les frères Serres subirent pendant six ou sept mois les prisons d'attente : de novembre 1685 à mai 1686. Le *24 mai 1686*, la Cour de parlement de Grenoble prononça contre eux la *peine des galères*. David Serres fut condamné *à perpétuité* ; Pierre et Jean, *pour dix ans*. Nous trouvons, condamnés avec eux, à perpétuité, comme David Serres, *Élie Maurin* et *Jean de la Daye* [2].

La sécheresse des arrêts rendus ne nous permet pas de savoir pourquoi cette différence des peines prononcées contre les trois frères. Coupables tous trois au même degré, pourquoi n'ont-ils pas été unis dans une même condamnation comme ils l'avaient été dans la faute ? David Serres avait-il aggravé sa situation ? Oui, croyons-nous. Il était plus doué que ses frères, plus lettré, d'une intelligence plus fine. Son caractère était plus vif. C'est bien lui qui pouvait mériter le qualificatif d'*opiniastre*, si fréquemment employé pour désigner l'incorruptibilité des protestants. Prompt à la rispote, il a pu répondre plus vivement que ses frères, du tac au tac, dans les interrogatoires qu'il eût à subir. Son audace méritait bien une sévérité plus grande.

La formule et le motif de sa condamnation étaient : *fugitifs pour cause de religion*. Et comme lieu d'origine, les procès verbaux portent : *Montauban* [3].

[1] cf. Bull. VIII, p. 297 ; Pauthier, *Procédure criminelle*, sect. IV, art III § 1.
[2] cf. Bull. VIII, p. 299 ; E. Arnaud, Hist. des prot. du Dauphiné, p. 383.
[3] cf. Bull. VII, p. 136.

2. — IDENTITÉ DES TROIS FRÈRES.

La question de leur identité est des plus compliquées. Le nom de *Serres* était très répandu. L'orthographe elle même diffère pour le même individu. Les trois frères qui nous occupent sont appelés alternativement : *Serres*, *Serre* ou *de Serre*. Toutefois nous ne pouvons qu'adopter leur propre manière de signer leur nom qui est : *Serres*[1].

Il nous faut ensuite les distinguer : d'*Etienne Serres*, originaire de Montpellier, qui fut galérien, puis déporté aux colonies de l'Amérique, s'évada et fit naufrage[2] ; de *Jean Serre*, galérien, qui offrit 400 livres pour sa liberté, et qui fut grâcié le 9 janvier 1687, sans rien payer[3] ; de *Jean-François Serre*, galérien « invalide et malingre », libéré le 31 décembre 1691[4] ; de *Vincent Serres*, marchand à Marseille, dont nous aurons l'occasion de nous occuper ; de *Serres*, marchand au Vigan, dont nous parlerons aussi ; d'un *sieur Serre*, peintre des galères[5] ; enfin d'un nommé *de Serre*, protestant, « opiniastre », « espion », « scélérat qui a mérité la mort », et qui fut, en tous cas, enfermé dans les prisons de Vincennes[6].

Mais ces distinctions sont encore faciles. Il n'en est plus de même si nous cherchons à découvrir la personnalité même des trois frères. Ainsi, voici deux extraits des Registres de l'Etat Civil de Montauban :

Baptêmes du dimanche 27 may 1663.

Deux enfans malles de Jacob Serres, marchand de la présent ville et de Jeanne de Gontaud, mariés et donnés en baptême à Pierre Moulis tondeur de draps et à Anthoinette de Gonthaud, femme de Jean

[1] cf. Bull. XXXVIII, p. 146.
[2] cf. Bull. XXX, p. 27.
[3] cf. Archives de la Marine. *Ordres et Depesches*, 1687, 9 janv. *Au sieur Begon : A M. de Louvois.*
[4] cf. Ibidem. Année 1691, 31 déc.
[5] Ibidem. Année 1693.
[6] cf. Registres du Secrétariat. *A M. Dargenson.* 30 oct. 1697 et 24 may 1699 ; *à M. Descajeul*, 6 juillet, 1699.

Gairal Marchand, auquel a été imposé nom : Pierre.

Et l'autre a été présenté par Parrain Jean Rauset, marchand de la présante ville et Marie de Gontaud sa femme, auquel a été imposé nom : Jean

Pierre-Jean [1]
Baptêmes du 5 octobre 1665

Un enfant de Jacob Serres et de Jeanne de Gontaud, né le 25 septembre dernier. Parrain David Daignan, marraine, Promisette de Vialettes.

Imposé nom : David [2].

N'est-il pas extrèmement curieux de rencontrer ici les noms et prénoms de nos trois frères, et n'est-il pas tentant de conclure à l'identité? Toutefois cette conclusion est impossible pour plusieurs raisons :

1. Tout d'abord, *Pierre* et *Jean* n'étaient pas jumeaux. Cela ressort de toutes leurs lettres. Pierre est désigné un peu partout comme *l'Aîné* ; David, *le Puiné* ; Jean, *le Jeune* ou *le Cadet* [3]. Fixons même leur âge approximatif. Une liste, donnée dans le *Bulletin de l'Histoire du Protestantisme français* [4] donne à Pierre, *37 ans*; à David, *33 ans*; à Jean, *30 ans*. Cette liste semble considérer ces âges comme étant ceux de 1686, dans lequel cas ce serait une erreur. Une liste de forçats protestants, dressée *en 1696*, par l'Intendant général des Galères, M. de Montmort, pour M. de Pontchartrain, ministre de la Marine, et qui, par conséquent, est très fidèle, assigne à Pierre, à cette époque, *36 ans* ; à David, *31 ans*; à Jean, *28 ans* [5]. Il n'y a pas une sensible différence avec les renseignements fournis par le *Bulletin*, qui sont légèrement postérieurs en date, et vraisemblablement de 1697 ou 1698.

2. Le père des trois frères s'appelait *Pierre*, — et

[1] cf. État civil. Protest. Montauban. Baptêmes. Anno 1663, f° 11.
[2] cf. État civil Prot. Montauban. Bap. Anno 1665, f° 98.
[3] cf. entre autres : Ant. Court, tome XI, passim.
[4] cf. Bull. VI, p. 90.
[5] Gracieuse communication de M. le pasteur Foubrune-Berbinau.

non Jacob, — Serres. Il était marchand teinturier à
Montauban [1].

3. Leur mère s'appelait *Anne Daignan*, et non
Jeanne de Gontaud [2].

4. Enfin les registres de l'Etat civil de Montauban
portent l'extrait suivant :

Mariage entre Jacob Serres, marchand de la pre-
sante ville d'une part, et Jeanne de Gontaud, d'au-
tre, fille de feu Jean de Gontaud, de Villemur. Fian-
cés à Villemur, par Custes, volontaire. Célébré le
12 septembre 1655 [3].

De ce mariage naquirent beaucoup d'enfants
en 1656, 1658 et 1659, dont deux fils, Pierre et Jean,
qui ne vécurent pas et une fille Delphine.

Or, le mariage *Pierre Serres-Anne Daignan* fut
célébré le *12 février 1655*, ils s'étaient fiancés le
23 janvier précédent [4].

3. — PARENTS CONNUS ET PARENTS POSSIBLES.

Pour toutes ces raisons, il est impossible de ne pas
distinguer les deux familles de Jacob et de Pierre
Serres. Il est cependant de toute évidence, par la si-
militude des noms de *Serres* et de *Daignan*, que ces
deux familles étaient très intimement apparentées
l'une à l'autre.

Demandons-nous si Pierre Serres et Anne Daignan
n'ont eu, comme enfants, que nos trois frères. Dans
une de ses lettres [5], David Serres parle de « son misérable neveu » qui lui a écrit de *Lausanne*. Il lui a
répondu, et il le traite « à peu près comme il le
» mérite. Je ne sais s'il en sera touché ; mais les re-

[1] cf. Bull. XXXVIII, p. 635 ; et H. de France, *Montalbanais et Refuge*,
p. 487 et 488.
[2] cf. Ant. Court, XI, f° 120 ; de France, *Montal. et Ref.*, p. 120, 208, 488 ;
Bull. XXXVIII, p. 635.
[3] cf. Etat civil. Prot. Mont. 1655, f° 52.
[4] cf. Bull. XXXVIII, p. 635 ; H. de France, *Montal. et Ref.*, p. 487 et 488 ;
Etat civil. Montauban, mariages, f° 46.
[5] cf. Ant. Court, XI, f° 17.

» mèdes violents lui conviennent mieux à cause de la
» qualité du mal, que si je l'avois flatté, quoique à
» parler franchement je n'en espère point de retour,
» après ce qu'en a dit M. Simon à M. Lejeune et ce
» que vous vous êtes donné la peine d'en marquer
» dans un article d'une des vôtres à M. Lavalée, où
» vous témoignez assez qu'il a des dispositions très
» mauvaises. Son triste état me navre le cœur et me
» fait gémir singulièrement à cause de sa pauvre
» bonne mère qui en a un regret mortel dans l'âme
» et qui lui arrache tous les jours des larmes des
» yeux. Nous vous sommes bien en particulier obli-
» gés de la part que vous témoignez y prendre et des
» charitables visites que vous avez daigné lui rendre,
» tout indigne qu'il en est pour se porter à l'amen-
» dement, quoiqu'il en ait si mal profité. C'est l'ou-
» vrage de Dieu, ainsi je prends le parti de Monique,
» qui ne pouvant par ses remontrances retenir son
» fils du chemin de perdition, ne cessa de gémir de-
» vant Dieu et de verser des larmes dans son sein,
» ce qui lui fit obtenir de sa bonté infinie son heureuse
» conversion, comme il le raconte lui-même »

Il est donc ici question d'un neveu et de sa mère.
Le terme de *neveu* s'emploie quelquefois pour désigner un fils de cousin. Mais il est vrai de dire que cet
emploi est plus rare et que la tradition,—et surtout la
tradition méridionale, — désigne le fils d'un cousin,
comme un *cousin*. Il nous paraît donc beaucoup plus
vraisemblable d'admettre qu'il s'agit ici d'un fils de
frère ou de sœur. Mais est-ce le père de ce neveu
qui aurait été un frère de David Serres? ou la « pauvre bonne mère » était-elle sa sœur? Nous penche-
rions vers cette dernière hypothèse, car la désigna-
tion des trois frères, *l'Aîné, le Puiné, le Jeune,* semble
ne pas admettre l'existence d'un quatrième frère.
Toutefois, rien ne confirme cette supposition.

Deux femmes ayant porté le nom de *Serre, Serres*
ou *Sers* ont pu avoir des relations de parenté avec
les trois frères : *Jeanne Serre* [1], native de Montau-

---

[1] cf. de France. *Montalb. et Ref.* p. 317.

ban, épouse de l'habile ouvrier en bas *Labry*, réfugiée en 1685 avec son mari à *Magdebourg*, puis à
Berlin; et *Marie Serres* [1], ou *Sers*, Montalbanaise
aussi, réfugiée en *Prusse*. Mais nos renseignements
se bornent à cela. Le neveu et sa mère étaient,
en 1702, date à laquelle écrivait David Serres, en
Suisse et non en Allemagne.

En ce qui concerne les parents mêmes des trois
frères, *Pierre Serres* et *Anne Daignan*, nous savons
qu'ils n'avaient pas persévéré dans leur religion.
Jean Serres écrivait à leur sujet [2], qu'il déplorait le
malheur de « nos parents qui ont resté dans le
» royaume et qui ont préféré la possession d'un peu
» de bien dont Dieu peut les priver lorsque bon lui
» semblera au bonheur de partager avec Jésus-Christ
» ses afflictions et ses opprobres pour partager
» ensuite avec ce même Sauveur la gloire de son
» éternité bienheureuse ». Il déplorait cet aveugle-
ment, d'autant plus qu'autrefois ses parents « cou-
» raient si bien dans la carrière du salut. Dieu m'est
» témoin que je ne me suis en rien épargné pour
» leur représenter leur devoir ». Il n'a jamais cessé
de les exhorter par lettres. Il les supplie encore tous
les jours. Mais tout ce qu'il a pu leur dire ne les a
pas convaincus. Ils ont seulement répondu quelquefois que ses lettres leur faisaient répandre des
larmes.

Ils avaient donc préféré à la lutte et à la souffrance
la jouissance de leurs revenus. D'ailleurs avant le
départ de leurs fils, Pierre Serres et Anne Daignan
avaient déjà prononcé leur abjuration. Celle-ci
remonte au *24 août 1685*, date à laquelle fut dressée
une liste des protestants ayant abjuré, parmi lesquels
figure *Pierre Serres* [3]. Ce dernier signa le 2 sept.
suivant le procès-verbal de *réunion* de la ville de
Montauban [4], et sa famille fut inscrite comme *nou-*

---

[1] cf. de France. *Montalb. et Réf.* p. 488.
[2] Cf. Ant. Court. xi, f° 118.
[3] Cf. Archives du Consistoire de Montauban. Année 1685.
[4] Cf. Haag iii, p. 165 ; — Bordier iii, 646.

velle convertie[1]. Elie Benoit[2] considère les trois frères comme n'ayant pas abjuré. Il semblerait, tout au moins, qu'ils aient été marqués, eux aussi, comme *nouveaux convertis*, lors de l'abjuration de leur père, et c'est sans doute à la suite de cet incident qu'ils résolurent de fuir, pour ne pas confirmer, par leur présence en France, l'attitude qu'on leur avait prêtée.

Nous ne savons à quelle époque moururent les parents des trois frères. Ils vivaient encore tous les deux en 1696, puisqu'ils sont signalés, à cette époque, comme ayant envoyé un assignat de cent livres à leurs enfants[3]. Mais, l'année suivante, 1697, le notaire Dumons parle des trois frères, « fils de *feu Pierre Serres*, marchand teinturier et de *Marthe* Daignan »[4]. C'est donc vers cette époque 1696-1697 que mourut le père; la mort de la mère doit être placée, en tous cas, postérieurement.

Du côté de Pierre Serres, nous avons mentionné, comme parents présumés, la famille de *Jacob Serres*, sans qu'il nous soit possible de dire quel lien de parenté unissait les deux hommes. Il nous faut mentionner aussi l'existence d'un *Jean Serres*, trésorier du Consistoire de Montauban pour l'année 1675, dont il est question dans un *Estat des biens appartenans au Consistoire de ceux de la R. P. R. de Montauban*[5], et qui pourrait bien avoir fait partie de cette même famille Serres.

Du côté d'Anne Daignan, nos renseignements sont un peu plus précis. Elle avait certainement une sœur, nommée *Marthe Daignan*, qui avait épousé *Dominique Boyer*, de bonne heure réfugié à *Amsterdam*, et laissant à Montauban, au moins jusqu'à la fin de 1688, sa femme et ses enfants, comme le prouve l'extrait suivant :

[1] Cf. de France. *Montal et Ref.*, p. 488.
[2] Cf. Elie Benoit v, p. 1034.
[3] Cf. Bull. *Journal des Galères*, xviii, p. 34.
[4] Cf. H. de France. *Montalb. et Ref.*, p. 487 et 488. *Marthe* est une erreur de prénom, cf. ibidem.
[5] Cf. Archives du Consistoire de Montauban, pièce xl.

A Marthe Daignan, femme de Dominique Boyer,
fugitif la somme de deux cent quarante liures à elle
accordée et à ses enfans par manière de prouision et
pour leur donner moyen de subsister sur les biens du
Boyer par ordonnance de Monseigneur l'Intendant
du 21ᵉ septembre 1688[1].

Pour avoir reçu une somme de 240 livres de l'Intendant de l'époque, Marthe Daignan et ses enfants
devaient de toute nécessité, être considérés comme
nouveaux convertis. A partir de 1689, nous ne trouvons plus aucune somme pareille à l'adresse de Marthe Daignan. Et nous savons, d'autre part, qu'elle
était partie pour rejoindre à Amsterdam son mari[2].
Il ne semble pas toutefois que ce départ pour la Hollande ait été considéré comme une fuite, ni par elle,
ni par l'Intendant de Montauban. Elle avait conservé
ses biens, qui, en son absence, étaient gérés par le
sieur Causse. C'est ce que nous constatons dans un
Etat des revenus des biens des religionnaires fugitifs
(le *fugitif*, c'était Boyer).

Recette faite...

De la somme de cent quatre vingt neuf liures quinze
sols cinq deniers receue du sieur Causse fermier judi-
cataire du reuenu des biens du sieur Boyer par
mains et deniers de demoiselle Marthe Daignan
veuue dudit sieur Boyer à laquelle celle de 400 l. du
prix du bail a esté réduite distraction faite des char-
ges le 8 juillet 1700, cy.................... 189ˡ, 15ˢ, 5ᵈ[3].

Parmi les enfants dont il est qustion, nous connaissons une fille, qui se maria à Amsterdam avec
Delprat, un nom bien français, et un fils, appelé
Pierre[4]. Quant au père, *Dominique Boyer*, il mourut
en Hollande, fidèle au protestantisme[5]. Nous ne savons pas la date de sa mort. Il ne serait cependant
pas étonnant que Marthe Daignan et ses enfants aient

[1] cf. Archives *Religionnaires fugitifs. Dépenses faites par la généralité de*
Montauban.
[2] cf. Ant. Court., XI, fᵒ 120.
[3] cf. Archives du Consistoire de Montauban.
[4] cf. Ant. Court. XI, fᵒ 120.
[5] cf. Ant. Court. XI, fᵒ 118.

été appelés à Amsterdam par cette circonstance dans le courant de 1689.

Avec cette sœur, Anne Daignan avait aussi un frère, sur lequel nous ne pouvons affirmer grand chose. Nous savons seulement que ce frère avait épousé une demoiselle *Bardon*, et qu'il s'était réfugié à *Lausanne* avec sa femme [1]. Il ne serait pas impossible que ce frère fût *David Daignan*, parrain de *David Serres*, fils de *Jacob Serres* [2]. Quant à cette demoiselle Bardon, elle pourrait bien être *Anthoinette Bardon*, fille du ministre *Pierre Bardon*, époux de *Jeanne Dupins* [3].

D'autres noms sont encore à citer, noms de protestants montalbanais, qui paraissent bien avoir eu quelques rapports, peut-être très étroits, avec ceux que nous avons cités ; mais aucune preuve ne vient confirmer cette parenté supposée.

Françoise Daignan [4], nouvelle convertie, était veuve de *David Vialettes* [4], à côté duquel nous citerons *Catrine Vialettes* [4], *Promisette de Vialettes* [5], marraine de David Serres, fils de Jacob Serres, nouvelle convertie, mariée à *Jean-Jacques Belvèze* [4], fugitif ; et *Jean Vialettes* [6], fugitif. A côté du ministre Pierre Bardon, citons : *Jehan Bardon*, « conseiller de la guaiche des campaignes de la R. P. R. », en 1632 [7] ; *Jean Bardon* [8], nouveau converti [9], qui en 1675 signait une pétition commençant par ces mots : « Nous soubsignez faisant la plus grande, » meilheure et saine partye des membres quy com» posent l'esglise Refformée de la presant Uille de » Montauban... [8] » ; *Pierre Bardon*, nouveau converti du 24 août 1685 [10] ; le sieur *Bardon* et la demoi-

---

[1] cf. ibidem.
[2] cf. ci-dessus, p. 22.
[3] cf. Archives, *Religionnaires fugitifs*, 1702, 1705, 1708, 1714.
[4] cf. Archives, *Religionnaires fugitifs*, 1688.
[5] cf. Ibidem, et p. 22.
[6] cf. Archives, *Religionnaires fugitifs*, 1689.
[7] cf. Archives du Consistoire de Montauban, pièce XIV.
[8] cf. Archives du Consistoire de Montauban, 1675.
[9] cf. Archives *Religionnaires fugitifs*, 1704, 1705, 1706.
[10] cf. Archives du Consistoire de Montauban, 1685.

selle *Sartre*, mariés fugitifs[1] ; *Jean Sartre*, nouveau converti[2] ; et plus près de Jacob Serres, à côté de sa femme Jeanne de Gontaud, fille de *Jean de Gontaud*[3], citons *Anthoinette de Gontaud*, marraine de Pierre Serres, fils de Jacob Serres[4], et *Marie de Gontaud*, marraine de Jean Serres, fils de Jacob Serres[5].

La plupart de ces noms se trouvent mentionnés dans les *Archives des biens des Religionnaires fugitifs*. C'est une vieille pièce jaunie, tachée, détériorée, dont la première page, en partie brûlée, porte cette inscription :

> *Compte*
> *Dépense que rend Jean Cemp*
> *receueur général du domaine des C*
> *Montauban, à Monseigneur le*
> *cheualier Seigneur dud[t] lieu, marquis de*
> *Santenay comte de la Rochepot, baron de*
> *du Roy en ses conseils M[e] des requestes ordinai*
> *son hostel, Intendant de justice police et Finances d*
> *la généralité de Montauban tant des reuenus des*
> *biens des Religionnaires fugitifs des années 1688*
> *et 1689, que des reliquas de compte et reprises baillées*
> *par le s[r] de Vienne cy deuant commis à lad[t] régie*

A la fin, c'est signé : *Le Goux de la Berchere*[6].

Pour plus de clarté, nous résumons dans un tableau ci-joint les noms de ceux qui ont été ou qui ont pu être apparentés aux trois frères Serres.

---

[1] Archives, *Religionnaires fugitifs*, 1689.
[2]   Id.
[3] cf. ci-dessus, p. 23.
[4] cf. ci-dessus, p. 21.
[5] cf. ci-dessus, p. 22.
[6] Cf. Archives.*Religionnaires fugitifs*.

TABLEAU DE LA PARENTÉ PRÉSUMÉE DES TROIS FRÈRES SERRES(¹)

Jean de Gontaud — x

Jacob Serres — Jeanne de Gontaud

Pierre | Jean || Pierre || Jean || David || Delphine

Jean Serres

Pierre Serres — Anne Daignan

Pierre |, David |' Jean || fils
ou fille — x

fils

Jeanne Serre — Labry

Marie Serres ou Sers

Martbe Daignan — Dominique Boyer

fille — Delprat || Pierre

Pierre Bardon — Jeanne Dupias

David Daignan — Anthoinette Bardon

Françoise Daignan — David Vialettes

Anthoinette de Gontaud

Marie de Gontaud

Bardon — Dᵗᵉ Sartre

Pierre Bardon

Jean Bardon

Jehan Bardon

Catrine Vialettes

Promisette de Vialettes — Jean-Jacques Belvèze.

Jean Vialettes

Jean Sartre

(1) Ce tableau n'a rien de rigoureusement exact, sauf en ce qui concerne les noms marqués en caractères *gras*. Pour les autres, il y a que des présomptions plus ou moins fortes.

CHAPITRE III

Les frères Serres, galériens

Première Partie. 1686-1694

I. — ATTITUDE DE LOUIS XIV.

Dans les derniers jours du mois de mai 1686, après leur condamnation, les trois frères Serres furent enchaînés sur les galères de Louis XIV, à Marseille. Pierre, l'aîné, qui fut souvent désigné dans la suite [1] sous le nom de *Fontblanche*, fut affecté à la *Fortune* ; le second, David, dit le *Puîné*, *Besson*, ou *Bessonnet* [2], à la *Favorite* ; et le troisième, *Jean*, dit le *Jeune* ou le *Cadet* [3], à la *Marquise* [4]. Nous avons dit [5] qu'en 1696 ils avaient 36, 31 et 28 ans ; par conséquent, les dates de leur naissance sont respectivement 1660, 1665, 1668 ; ils avaient donc en mai 1686, 26, 21 et 18 ans.

Il ne faudrait pas objecter l'âge du plus jeune, arrêté à 17 ans, pour mettre en doute sa condamnation aux galères. Nombre d'autres se sont trouvés dans le même cas. Il suffisait d'avoir 12 ans pour aller aux galères. « En 1846, écrit M. Fonbrune-Berbinau [6], » M. l'amiral Baudin, alors préfet maritime à Tou-

---

[1] Dans la correspondance intime et secrète. Cf. Coll. Ant. Court, tome XI, passim.

[2]   id.   id.   id.

[3]   id.   id.   id.

[4] Cf. Bull. *Journal des Galères*, XVIII et XIX, passim.

[5] Cf. page 22.

[6] Cf. Fonbrune-Berbinau. *Daniel de Superville*, p. 99, note 4. Imp. Ménard, Chambéry 1886.

» lon, retrouva quelques feuillets d'un registre d'é-
» crous des chiourmes de Marseille; il y était fait
» mention d'un enfant condamné aux galères par
» l'intendant Bàville, *pour avoir, étant âgé de plus de*
» *douze ans, accompagné son père et sa mère au*
» *prêche.* Sur les fragments de ce registre qui ont
» été publiés (cf. Bull. I, p. 54 et suiv.), nous rele-
» vons les noms de *François Bourry* (15 ans) et
» *Louis Guérin* (16 ans), condamnés *à vie*..... *André*
» *Bousquet* fut condamné à 16 ans..... *Jean Mar-*
» *teilhe*, 17 ans..... *Mathieu Morel*, 17 ou 14 ans. »
Les vieillards (cf. ibidem) étaient traités avec autant
de rigueur que les enfants. *David Bernadou* fut condamné à 75 ans; *Isaac de Grenier*, à 76; *Jean Che-*
met, à 69; *Pierre Changuion*, à 72.

Constatons que les *faux-sauniers*, dont le crime
(la contrebande du sel) était considéré comme l'un
des plus graves, recevaient un traitement moins sévère. 34 de ces criminels avaient été condamnés aux
galères en 1694, parmi lesquels quelques enfants de
10 à 12 ans *qui furent relâchés* par ordre du roi [1].
Il est vrai de dire que l'on ne cite pas d'enfants protestants condamnés aux galères avant l'âge de 12 ans.
Mais de là à les relâcher comme de vulgaires faux-
sauniers, il y avait de la marge. On les enfermait dans
des couvents.

Quant à leurs aînés, ils n'avaient rien à attendre de
la faveur royale :

A M. de Montmort, 27 Aoust 1692,

... Vous n'auez pas suiui les règles que vous sçauez
que le Roy a establies sur la liberté des forçats, vous
estes d'auis de l'accorder à des quarterols [2] *qui*
n'offrent rien, à d'autres qui sont condamnez à vie ou
n'ont pas fait leur temps, et à des gens condamnez

---

[1] cf. Archives de la Marine. *Ordres et Depesches,* 1694. *Au sieur Gallois*
24 novembre.

[2] Les galériens étaient divisés en *classes,* suivant leur place à l'aviron.
Les plus méprisés étaient les *tierserols,* les *quarterols* et les *quinterols,* qui,
étaient 3er, 4er, 5er. Le 1er tenait l'extrémité de la rame. cf. Ant. Court. II,
f° 125. Lettre de Serres le Jeune.

pour fait de religion, quoyque je vous aye plus d'une fois mandé que Sa Majesté vouloit que les forçats remplissent en quelque estat qu'ils soient le temps de leur condamnation, et à l'esgard des Religionnaires qu'Elle ne se détermineroit pas à leur faire grace dans la conjoncture présente et qu'après avoir par une longue expérience connu qu'ils sont sincèrement convertis. Je vous prie de vous conformer plus exactement aux jntentions du Roy [1].

Voici plus précis encore :

A M. de Bernières, le 19 nouembre 1692,

... Son jntention (de Sa Majesté) est qu'à l'auenir les ordres qu'Elle a cy deuant donné de ne point condamner aux galères les criminels qui auront passé 50 à 60 ans soient exécutés, parce que ces sortes de gens n'estant plus en estat de rendre seruice ne font que remplir les hospitaux des galères et causer une despense jnutile, à moins qu'ils ne soient conuaincus de cas qui regardent la Religion dans lesquels le Roy veut que ses Edits et déclarations soient suiuis sans aucune autre considération [2].

C'est une règle : le roi ne grâcie pas un seul religionnaire opiniastre, même fût-il invalide. En cas de nécessité absolue, on l'enverra à l'hôpital ou en prison; mais il n'a rien à attendre de personne. Il est toujours, en fait, condamné à vie, même si, en théorie, il n'est condamné qu'à temps. S'il veut sa liberté, il faut qu'il abjure, et que son abjuration soit sincère, prouvée, durable. Entre tant d'exemples, citons celui du nommé Gonfray :

A M. de Bernières, le 19 nouembre 1692 [2],

J'ay rendu compte au Roy de la lettre que vous m'auez escrit le 10° de ce mois. Sa Majesté n'a point voulu accorder la commutation de peine que vous demandez pour le nommé Gonfray, condamné aux galères pour auoir retiré chez lui des Religionnaires...

[1] cf. Archives de la Marine. Ordres et Depesches, 1692. A M. de Montmort, 27 Aoust.
[2] cf. Ibidem. 1692. A M. de Bernières, le 19 novembre.

A M. de Bernières. 8 juillet 1693. [1]

Je vous ay desja marqué que le Roy n'accorderait point de commutation de peine au nommé Gonfray condamné pour fait de Religion, et l'jntention de Sa Majesté est qu'jl reste dans les prisons, si les maux dont jl est attaqué le mettent absolument hors d'estat de marcher...

Car n'importe quel bandit peut être grâcié.

A M. Hedges, à Fontainebleau, le 15 oct. 1704 [2],

M.

Le nommé Butler a esté condamné aux galères en 1700 pour vol à 9 ans et il n'y est certainement entré aucun fait de religion. Si vous prenez quelque jnterest dans sa personne je me chargeray tres volontiers de demander au Roy sa grace par considération particuliere pour vous.

Je suis avec respect. —

Mais pour un protestant, les formalités sont plus compliquées. Le condamné doit être *nouueau conuertu* et le Roi observe toujours avec soin de demander les motifs de la condamnation, la date de la conversion, et l'avis de tout le monde : intendants, capitaines, aumôniers, évêque, etc. Si ces avis sont favorables au forçat, il finit par être grâcié. Si c'est un *opinias- tre*, on reçoit des réponses dans le genre de celles-ci :

...Le Roy n'a pas voulu commuer la peine des Re- ligionnaires condamnez aux galeres qui sont hors d'estat de seruir parce qu'elles doiuent estre regar- dées comme un lieu ou Sa Majesté veut qu'jls soient gardez... [3]

...A l'esgard des Religionnaires opiniastres, le Roy ne changera rien à leur estat s'jls demeurent toujours dans leurs mesmes sentiments et ne sher-

[1] cf. Archives de la Marine. *Ordres et Depesches* 1693. *A M. de Bernières. 8 juillet.*

[2] cf. Ibidem 1704.

[3] cf. Archives de la Marine. *Ordres et Depesches.* 1689, A M. de Montmort, 18 sept.

*chent pas à mériter leur grâce en se faisant jns-
truire...* [1]

*...Je vous renvoye... un placet des religionnaires
obstinez qui sont sur les galères en corps sur lequel
vous les ferez avertir bien sérieusement que s'jls re-
tombent jamais en pareille jnsolence, je prendray
l'ordre du Roy pour les faire attasher à double
chaisne...* [2]

Les trois frères Serres furent affectés à trois galères différentes, suivant le constant désir, fréquemment exprimé par Louis XIV, de séparer et disperser
les forçats religionnaires[3]. Ils y reçurent les numéros 7875, 7876 et 7877, suivant des listes avec
lesquelles nous ferons ultérieurement connaissance.

La *Fortune*, la *Favorite* et la *Marquise* étaient des
galères ordinaires, à distinguer de la *Grande Réale* et
de la *Patronne*. Ces deux dernières étaient construites de la même façon que les autres galères, mais
plus grandes de dimensions. La *Grande Réale*[4] bat-
tait pavillon du chef d'escadre au grand mât, et donnait l'hospitalité au général des galères. *La Patronne* avait un nombre d'officiers inférieur à celui
de la *Grande Réale*, supérieur à celui des autres
galères, et recevait le lieutenant général des galères[5].

Bien que destinés à la *Fortune*, à la *Favorite* et à la
la *Marquise*, les frères Serres n'y passèrent pas
toute leur vie de forçats. Nous les verrons, à l'occasion, sur la *Grande Réale*, la *Vieille Réale*, la
France, etc.

Il ne faudrait pas croire qu'une fois enrôlés dans
les chiourmes, les religionnaires aient été uniquement destinés à purger une condamnation. Si cela

[1] cf. Ibidem. 1697. A M. de Montmort, 13 nov.
[2] cf. Ibidem. 1712. A M. Arnoul, 24 février.
[3] cf. notamment : Ibidem. 1692. A M. de Montmort, 9 avril.
[4] La *Grande Réale* ou *galère réale*, principale galère du Roi. On disait aussi : le *médecin réal*, l'*apoticaire réal*, l'*aumosnier réal*, le *pavillon réal*, les *chirurgiens réaux*, etc. cf. Archives de la marine. *Ordres et Depesches. Règlement de l'hospital des forçats.* 1685.
[5] cf. Jean Marteilhe. *Mémoires d'un protestant...* p. 469 et suiv.

avait été, leur temps achevé, ils eussent été libres,
ce qui, nous l'avons dit et nous le dirons encore, n'a
pas eu lieu. Louis XIV avait rêvé l'unité parfaite de
la France sous sa puissante domination. Il voulait
cette unité dans tous les domaines, et en particulier
il voulait l'unité religieuse. Pas de divisions. Tous
les Français doivent être catholiques, apostoliques
et romains, comme Sa Majesté est catholique, apos-
tolique et romaine. C'était la guerre à mort aux protestants, aux juifs, aux musulmans. Les juifs étaient
moins nombreux ; on ne les voyait guère, bien qu'il
y en ait eu aux galères [1]. Les musulmans étaient re-
présentés par les *Turcs* [2] des galères, dont on pressait aussi la conversion [3]. Les protestants étaient
nombreux, intelligents, en vue.

C'était donc la *conversion* des religionnaires que
Louis XIV poursuivait lorsqu'il les enchaînait sur ses
galères. Nous croyons volontiers qu'il obéissait, en
cela, à une belle pensée : l'unité de la France, sans
qu'il soit ici question de dire s'il avait tort ou raison. Ce que nous voulons mettre en évidence, c'est
qu'à l'encontre de tant d'autres, Louis XIV n'avait
pas de haine de race et n'obéissait pas à une passion
religieuse. Nous croyons qu'il fut, d'une part trop
indifférent en matière de religion pour mériter le
titre d'apôtre ; et, pour avoir le simple plaisir de faire
souffrir des innocents, d'autre part trop humain,
trop généreux. Il écrira ceci, par exemple :

...Vous verrez par le placet cy-joint que le nommé
Maroles que le Roy a fait enfermer dans la Citadelle
Saint-Nicolas, se plaint qu'on ne luy donne pas du
pain suffisamment pour vivre et qu'on ne luy laisse
pas de jour. Vous vous informerez de ce qui en est et
vous me le ferez sçavoir... [4]

L'intention de Sa Majesté est qu'ils (les religion-
naires) restent dans les endroits où ils sont et que

---

[1] cf. Archives de la Marine, *Ordres et Depesches*, passim.
[2] Il sera ultérieurement question des *Turcs* des galères, cf. chap. V.
[3] cf Archives de la Marine, *Ordres et Despeches*, passim.
[4] cf. Arch. de Marine, *Ordres et Depesches*. A M. de Montmort 1690, 15 déc.

*vous leur fassiez donner les secours que l'humanité
exige, et même les spirituels s'jls peuuent estre capables de rentrer dans leur deuoir, en enuoyant de temps
en temps des aumosniers habiles et pieux pour les y
exhorter....* [1]

*...J'ay examiné le nombre et l'estat des forçats et
autres qui sont enfermez dans les prisons de la Citadelle et du Château d'If. Le Roy veut qu'jls y restent,
puisqu'jls n'y ont presque tous esté que pour empescher que par leurs remonstrances jls engageassent
les autres religionnaires à perséuerer dans leurs erreurs. Mais Sa Majesté désire qu'on les y fasse traiter auec toute l'humanité possible et qu'on leur donne
les secours spirituels et temporels dont jls peuuent
auoir besoin...* [2]

Louis XIV a, sans doute, souvent méconnu et ignoré
bien des excès commis sur les galères. Il a même
subi des influences et sacrifié parfois les protestants
pour satisfaire leurs adversaires. Mais lui-même
n'était pas cruel. Il sut, à l'occasion, blâmer ses
mandataires, notamment les aumôniers fanatiques
qui accordaient aux religionnaires la faveur d'un peu
trop s'occuper de leur salut. Nous avons signalé cet
esprit de modération chez le roi, en parlant des
« chaînes ». Il se rencontre encore dans un assez
grand nombre d'ordonnances.

Sans doute d'autres préoccupations ont aussi poussé
le roi à ménager ses forçats, comme, par exemple, le
souci d'économiser son argent et ses serviteurs. Il fit
même le 5 mars 1681, en plein carême, « demander
à Messieurs les Archeuesques et Euesques la permis-
» sion pour les équipages de manger de la viande [3] ».
Mais, en général, le but de Louis XIV était l'unité
religieuse, poursuivie par tous les moyens légaux, si
possible sans cruauté, mais aussi sans faiblesse ; et
c'est pour cela seulement qu'il désirait si ardemment
la conversion des religionnaires.

[1] cf. Ibidem. 1697. A M. de Montmort, 2 janvier.
[2] cf. Ibidem. 1697, au même, 6 janvier.
[3] cf. Arch. Marine. *Ordres et Depesches.* A M. de la Pailleterie. 1691. 5
mars.

Aussi, dès le lendemain de la Révocation, nombre de décrets vinrent-ils compléter la grande loi dans les détails.

Le 22 juillet 1686, *Sa Majesté ayant esté jnformée qu'jl arrive parmy les chaisnes des forçats de la R. P. R. et voulant les engager à faire abjuration, Elle veut qu'jls soient retenus en brancade*[1]*, et qu'jl n'y ayt aucun d'eux qui soient faits Tauernier, Mousse de poupe, seruans de l'Hôpital, ny barberots, et qu'jl ne leur soit pas mesme permis d'aller en baraque, ny de sortir par la Ville.* Le 5 août, le 12 septembre, mêmes recommandations. Le 22 septembre et le 8 octobre, le roi est si désireux d'apprendre la conversion des forçats protestants, qu'il prescrit une mission générale extraordinaire[2].

Notons aussi une ordonnance assez originale, qui a pu viser les protestants, bien qu'aucun d'eux n'ait été signalé comme l'ayant violée :

6 nouembre 1686.

Ordonnance portant que tout forçat qui blasphemera le Saint Nom de Dieu aura la langue percée.

Sa Majesté aïant Eté jnformée que nonobstant les deffenses faites par plusieurs déclarations et ordonnances, à toùs Ses Sujets de jurer ny de Blasphemer le Saint Nom de Dieu et de la Sainte Vierge plusieurs forçats qui seruent sur Ses Galeres ne laissent pas de Commettre Souuent ce Crime, et voulant empécher la continüation de ce désordre, et que les dits Blasphemateurs soient seuerement punis a l'auenir, Sa Majesté a ordonné et ordonne que tout forçat qui sera Conuaincu à l'auenir d'auoir juré et Blasphemé le Saint Nom de Dieu et de la Sainte Vierge sera mis au Conseil de guerre, qui sera assemblé pour cet effet et condamné a auoir la Langue percée auec un fer chaud, Mande et ordonne Sa Majesté au Sieur Duc de Viuonne.., etc. fait à Fontainebleau Le 6 nouem-

[1] A la chaine.
[2] cf aux dates indiquées : Arch. Marine. *Ordres et Depesches.*

bre 1686. Signé Loüis, et plus bas Colbert, collationné Begon[1].

2. — PREMIERS INCIDENTS.

C'est par cette salve de décrets que fut saluée l'arrivée au bagne des trois frères Serres. Ils sentirent immédiatement le besoin de s'unir entre protestants pour s'encourager les uns les autres ; car dès le 12 septembre 1686, le roi était informé de leur obstination.

Au sieur Begon. Versailles 12 septembre 1686.

M. l'Euesque de Marseille m'escrit que les forçats de la R. P. R, qui sont nouuellement arriuez en cette ville paroissent tous fort opiniastres et ne donnent aucune marque de conuersion, et qu'jl seroit nécessaire pour les obliger à faire abjuration, d'empescher qu'jls ne fussent visitez par des personnes qui les fortifient dans leurs sentimens, et particulièrement par le nommé Fabicoffre[2], Suisse, et mesme qu'jls ne receussent des lettres qu'après auoir esté veuës, et comme Sa Majesté a approuué ce que ledit sieur Euesque propose sur cela, Elle veut que vous preniez les mesures necessaires pour le faire exécuter[3].

C'est donc de très bonne heure que les religionnaires furent surpris en délit de correspondance. On apprit même qu'ils receuaient de l'argent par l'intermédiaire d'un banquier de Marseille ; et Louis XIV dût prescrire une surveillance rigoureuse[4]. C'est d'ailleurs ce qui se passera continuellement. Les religionnaires auront une active correspondance, qu'ils

---

[1] cf. *Recüeil des Ordonnances, Edits, Déclarations et règlements concernants Les Galeres de France, recherchées auec soin, par le Sieur Du Gay, Lieutenant de Galere sur la Réal. Diuisé en quinze Volumes auec une table des matières au commencement de chaque volume. Tome cinquième qui contient par ordre de Dattes, celles rendües depuis l'Année 1685, jusques et compris celle de 1687.*

[2] C'est *Solicoffre* qu'il faut lire.

[3] cf. Arch. Marine. *Ordres et Depesches,* 1686. Au sieur Begon 12 sept.

[4] cf. Ibidem. 1687, 9 janv. Au sieur Begon.

rendront aussi secrète que possible, mais qu'ils conserveront autant qu'ils le pourront ; car ce sera l'une de leurs plus précieuses ressources matérielles et spirituelles.

Les frères Serres ne donnent pas encore signe de vie. En 1687, l'attention du roi fut attirée sur *Louis de Maroles*[1], qui, pressé de se convertir, répondit à l'évêque « qu'il ne pouroit jamais croire la réalité de Jésus-Christ dans l'Eucharistie puisqu'il ne voyoit que du pain ». Convaincu de correspondance avec des pasteurs réfugiés en Hollande, de Marolles fut enfermé dans la citadelle Saint-Nicolas[2].

Peu après ce fut le tour de *Lefevre*[3], qui refusa de saluer le saint Sacrement, reçut 100 coups de bâton et fut enfermé au fort Saint-Jean[4].

A côté de ces résistances le roi rencontrait de bonnes dispositions. Beaucoup de religionnaires se convertissaient, ce dont les pères de la mission furent félicités[5].

En 1688, 25 religionnaires seulement furent considérés comme *opiniastres*[6]. Il est probable que ce chiffre était au dessous de la réalité, car le 7 mars suivant, la plupart de ceux qu'il avait plu au clergé de regarder comme nouveaux convertis se montraient plus *opiniastres* que jamais[7].

Il nous faut arriver à l'année suivante, 1690, pour entendre parler des frères Serres. Dès les premiers mois, 1500 forçats furent recrutés sur les galères de Marseille, en vue de constituer les chiourmes des nouvelles galères construites à Rochefort. Ils furent embarqués sur des transports spéciaux et envoyés par eau, à travers le Languedoc et la Gascogne, jusqu'à destination ; en route, on joignit à ce convoi

---

[1] *Louis de Marolles*, ancien conseiller du roi, homme d'étude et de science, mort à l'hôpital des forçats en 1692. Cf. Bull. xv, p. 204, 527 ; et *Hist. des souffrances du bienheureux martyr Louis de Marolles*. La Haye, 1699.

[2] Cf. Arch. Marine O et D. 1687. Au sieur Begon, 29 janvier.

[3] Ancien avocat à Chinon et à Paris.

[4] Cf. Arch. Marine. O. et D. 1687. Au sieur Begon, 3, 20 et 26 mars.

[5] Cf. Ibidem. Au même, 14 mars.

[6] Cf. Ibidem. 1688. Au sieur de la Font, 17 sept.

[7] Cf. Ibidem. 1689. A M. l'Evêque de Marseille, 7 mars.

les recrues faites à Toulouse et dans les Cévennes[1].

Elie Maurin, David et *Jean Serres* firent partie de ces 1500. Pierre Serres, retenu à l'hôpital par une maladie dont il ne se releva que le 21 novembre[2], resta à Marseille.

C'est bien ainsi que nous devons comprendre un voyage effectué à Rouen par Maurin, David et Jean Serres, dont il est question dans plusieurs lettres, en général non datées, de la collection Ant. Court[3]. Plusieurs de ces lettres sont attribuées par erreur à *Serres le jeune.* L'auteur parle de « séparation prochaine » et de « son frère cadet » (ce n'est donc point Jean Serres qui parle); s'adressant *à M. Isarn*, pasteur à Rotterdam, il mentionne « son jeune frère » (ce n'est pas Jean qui écrit) et « son frère aîné » (c'est donc *David* qui écrit); au *professeur Currit,* en janvier 1691, il dit *que son plus jeune frère est avec lui et que l'aîné est à Marseille.* Plusieurs autres lettres conduisent à ce même résultat; c'est *David Serres* qui écrit : il écrit *de Rouen,* où il se trouve avec son plus jeune frère; et il écrit *dans les derniers mois de 1690 ou les 2 premiers de 1691,* au plus tard.

Enfin, David et Jean firent bien partie des 1500. Ceux-ci ne restèrent pas à Rochefort. Les galères sur lesquelles ils furent répartis, firent la campagne de l'été 1690 dans l'Océan et la Manche. Leurs ports d'attache furent Brest, Saint-Malo, etc.; et lorsque l'hiver approcha, il fut décidé que le rendez-vous général des galères du *Ponant* serait précisément le port de *Rouen,* où nous venons de rencontrer David et Jean. C'est à partir du mois d'octobre 1690 que la réunion s'opéra. A la fin de novembre seulement, à cause des retards et des mauvais temps, tous les forçats se trouvaient à Rouen, et l'hivernage commença. Toutefois, Louis XIV décida

[1] Cf. Arch. Marine, O. et D. 1690.

[2] Cf. Ant. Court, 1, *lettre de Bancilhon,* 21 nov. 1690 ; et 11, *Maurin à Mlle de la Roque,* sans date ; mais probabl' de 1690 ou 1691.

[3] Cf. Ant. Court, 1 et xi.

que les 1500 recrues de Marseille retourneraient à leur premier port d'attache [1].

Au mois de janvier 1691, les deux frères Serres étaient encore à Rouen [2]. Le 14 mars, ils n'étaient pas partis; mais ils s'apprêtaient à partir [3]. Ils furent, peu après, embarqués sur des transports qui passèrent par Paris [4], et reconduits à Marseille. Les détails nous manquent sur ce long voyage. Nous savons seulement qu'ils eurent à Rouen, le privilège de voir une amie des galériens, Mlle Larroque, qui remit à Jean Serres un nouveau testament [5].

Tandis que ses frères parcouraient ainsi la France, *Pierre Serres* attirait à Marseille l'attention des intendants sur son obstination à ne pas abjurer et à encourager ses compagnons, ainsi que deux autres religionnaires : *Kerveno* [6] et *Musseton*. [7] Des trois frères nous désignons *Pierre*, car les deux autres n'étaient pas encore revenus de Rouen, la chose se passant dès le mois de février 1691, et même avant.

Il fallut user de ruse pour surprendre Pierre Serres. Sa Majesté elle-même préconisa la ruse.

A M. de Montmort le 9 février 1691,

J'ay leu à Sa Majesté ce que vous m'escriviez sur l'avis qui vous a esté donné par le sieur de Mérode que les nouveaux convertis qui sont sur les galeres reçoivent beaucoup de lettres des Religionnaires et celles qui leur ont esté trouvées par la visitte génerale que M. de Breuteuil a fait faire des chiournes, Sa Majesté a approuvé que vous vous soyiez servi d'un prétexte de vol pour ne point laisser connoistre le sujet de cette recherche, mais Elle veut que vous m'envoyiez jncessamment les originaux de touttes les let-

[1] Cf. Arch. Marine. O. et D. 1690.

[2] cf. Ant. Court. XI. f° 110.

[3] cf. Ant. Court. XI, f° 332.

[4] cf. Ant. Court. XI f° 347.

[5] cf. Ant. Court. I. *Boy de la Tour à Mlle de Larroque*, 8 oct. 1691.

[6] Mort aux galères en 1694, cf. Bull. XV. p. 484.

[7] Libéré en 1714.

tres qui ont esté trouuées sur ces nouueaux conuertis desquelles je feray l'usage que j'estimeray necessaire pour son seruice et que vous ayiez une application particulière a tout ce qui pourra descouurir leurs jntrigues. Il seroit mesme fort jmportant de voir touttes les lettres qu'ils reçoiuent, s'il estoit praticable de le faire sans qu'jls s'en apperceussent, vous obseruerez de prendre touttes les precautions possibles pour garder le secret dans tout ce que vous ferez sur ce sujet et de le concerter pour cet effet auec M. le cheualier de Noailles auquel j'en escris [1].

Ce stratagème fut couronné de succès. Pierre Serres fut convaincu de correspondance avec des ministres.

A M. de Montmort. Versailles, 28 feurier 1691.

J'ay veu les lettres qui ont esté trouuées sur les forçats nouueaux conuertis qui sont sur l'Heroïne et l'Inuincible qui ne contiennent que des exhortations de perseuerer dans leurs erreurs. Il seroit jmportant de découurir où sont les ministres qui ont correspondance auec le nommé Serres, paroissant par leurs lettres qu'jls sont dans le royaume [2].

La faute est peu grave toutefois, et Louis XIV, qui, nous en avons ici une autre preuve, n'est point animé de passion religieuse, proclame lui même que de simples exhortations ne sont pas un crime.

A M. le cheualier de Noailles, 28 feurier 1691,

J'ay leu ces lettres et n'y ay rien trouué qui meritast beaucoup d'attention. Il seroit seulement a désirer qu'on pust découurir ou sont les deux ministres qui ont correspondance auec le nommé de Serres et qui paroissent estre dans le royaume. On trouuera peut estre quelque chose de plus precis dans les autres lettres et dans les coffres des forçats que vous faites chercher [3]...

[1] cf. Arch. Marine. O. et D. 1691. A. M. de Montmort, 9 février.
[2] cf. Ibidem. Au même 1691, 28 février.
[3] cf, Arch. Marine. O. et D. 1691. A M. le chev. de Noailles, 28 fév.

Ce qu'il craint surtout, le *Roy*, ce sont les espions et les traîtres. Au fond, peu lui importe la religion. Il est l'Etat, il veut la grandeur et la puissance de la France, et il redoute que les protestants français, qui ont avec tant de nations protestantes tant de croyances communes, ne cherchent à se venger, par des trahisons, des souffrances qu'on leur fait endurer.

Nous ne croyons pas qu'il ait surpris dans la bouche de ses forçats religionnaires aucune parole de haine contre la Fance. Mais il est de toute évidence que Louis XIV était hanté par la peur de la trahison. On avait certainement fait passer dans son âme des frissons d'épouvante pour le pousser à sévir. Qui : on? Les adversaires des protestants ; les gens animés d'une passion religieuse; les fanatiques, qui, soit à Marseille, soit à la Cour, travaillaient, chacun selon ses moyens, à la conversion des religionnaires.

C'est par là qu'on *fera marcher* Louis XIV, qui, de bonne foi, essayera de surprendre des traîtres. Mais il sera bien étonné, plus d'une fois, de voir que les huguenots ne sont point coupables du crime dont on les accuse.

A M. de Montmort. Paris, 9 mars 1691.

J'ay leu les lettres trouuées sur les nouueaux conuertis qui sont sur les Galeres et n'y ay veu aucune chose qui pust auoir rapport a quelque dessein ou entreprise contre l'Estat, jl m'a paru seulement que les nomméz De Serres, de Kerueno et Musseton sont les plus opiniastres et excitent les autres a persister dans leurs erreurs ; jl faut que vous donniez ordre aux argouzins de les garder auec soin sur tout le dernier, de leur oster autant qu'jl se pourra toutte sorte de communication auec les autres et de prendre des mesures justes pour auoir les lettres qui leur seront escrites pour descouurir leurs jntrigues et la voye par laquelle jls les reçoiuent... [1]

Serres, Kerveno et Musseton, trois fortes têtes, trois *opiniastres*, trois irréductibles ; mais des traîtres, jamais ! Ils furent sérieusement surveillés.

[1] cf. Arch. Marine, O. et D. 1691. A M. de Montmort, 9 mars.

A M. le cheu. de Noailles. 12 mars 1691.

J'escris a M. de Montmort de recommander aux argouzins de garder auec soin le nommé Musseton et de tascher de descouurir ses correspondances et surprendre les lettres qu'on luy escrit...[1]

A M. le cheu. de Rancé. Paris 18 mars 1691.

J'ay marqué à M. le cheu. de Noailles peu de jours auant son départ qu'jl falloit auoir une attention particulière a descouurir les jntrigues et entr'autres celle des nommés de Serres, Kerueno et Musseton que je vois par les lettres qu'on a jnterceptées estre les distributeurs des aumosnes qu'on enuoye aux nouueaux conuertis et les exhorter a demeurer fermes dans leurs erreurs...[2]

Des trois hommes, Kerveno fut le premier à disparaître. Il occupa l'attention du roi pendant toute l'année 1692. Que faire d'un tel adversaire ? Il n'y a pas possibilité de le réduire. Il faut donc s'en débarrasser. Le roi aurait bien voulu le mettre chez les bons pères de l'Oratoire[3]. Il y aurait eu là des chances de le convertir. Mais le père Bordes n'y tient pas[4]; une telle conversion est trop problématique. On l'enfermera donc dans la citadelle Saint Nicolas[5]. Mais le roi n'est pas content de la décision prise. Ce protestant intraitable l'ennuie. Si on le mettait chez les religieux de Saint Germain des Prés ? Mais déjà l'ordre a été donné, quand arrive une protestation en règle des religieux, prieur en tête[6]. Alors le roi cède. Notons cette concession. Kerveno restera enfermé dans la citadelle[7].

Cette même année 1692, le religionnaire *de Cheyssac* alla rejoindre ses amis à la Citadelle, le 25 juin, pour avoir correspondu avec le ministre Ju-

[1] cf Ibidem, 1691. A M. le chev, de Noailles, 12 mars.
[2] cf. Arch. Marine, O. et D. 1691. A M. le chev. de Rancé, 18 mars.
[3] cf. Ibidem, 1692. A M. de Montmort, 9 janv.
[4] cf. Ibidem. Au père Bordes, 20 janv.
[5] cf. Ibidem. A M. de Montmort, 20 janv.
[6] cf. Ibidem. A M. de Pélisson, 24 sept.
[7] cf. Ibidem à M. de Montmort, 24 sept.

rieu [1]. Le 8 octobre 1692, *Cosson*, véritable nom de *Cheyssac* [2] réussit à percer une muraille de six pieds d'épaisseur (environ 2 mètres) et à s'évader [3].

Les années 1693 et 1694 furent moins fécondes en incidents. On ne parvenait toujours pas à découvrir chez les *prétendus réformés* les prétendus traîtres qui s'y dissimulaient. Les frères Serres se trouvent sur une liste d'*obstinez* adressée par le galérien *de la Cantinière* à M. de la Sauvagerie [4], le 2 février 1693. En 1694, *Elie Néau* fut envoyé à la Citadelle, le 28 avril, pour avoir chanté sur sa galère les psaumes de Marot [5].

A part ces quelques incidents, l'année 1694 se passa dans le calme relatif. C'est à peine si Louis XIV daigna renouveler des ordres cent fois donnés, de tenir les religionnaires rigoureusement enchaînés à leurs bancs et de les surveiller [6].

Mais cette trève devait être courte.

---

[1] cf. Ibidem à M. de Montmort, 25 juin.

[2] *Barthélémy Cosson*, dit *Dessechat*, *de Cheissat* ou *de Cheyssac*, prêtre catholique converti à la foi réformée, condamné aux galères, évadé du Fort Saint-Nicolas, ramené dans un cachot, et mort en chantant des psaumes. cf. Bull. XV. p. 487.

[3] cf. Arch. Marine. O. et D. 1692. A M. le vicomte du Liscouet, 8 oct.

[4] cf. Ant. Court, tome I.

[5] cf. Arch. Marine, O. et D. A M. de Montmort, 28 avril 1694.

[6] cf. Arch. Marine. O. et D. 1694, passim.

CHAPITRE IV

Les frères Serres, galériens.

2e partie 1695-1696

I. — PREMIÈRES ACCUSATIONS

Les deux années 1695 et 1696 furent tout spécialement mauvaises pour les forçats protestants, en général, et pour les trois frères Serres, en particulier. Elles furent remplies par deux affaires sérieuses qui furent confondues, mais que nous distinguons comme il convient : l'*Affaire des Religionnaires*, et l'*affaire des espions*.

Le 11 mars 1695, M. de Bombelles, major des galères, écrivit au secrétaire d'État pour le mettre au courant d'une découverte importante qu'il venait de faire. Un sous-comite de la *Vieille Réale* et un forçat de la même galère, nommé *Satis*, étaient venus l'informer que des forçats huguenots « tenoient des « discours fort libres sur le Roy et sur l'espérance » qu'ils auoient d'être deliurés de leurs chaînes au » moyen du bombardement dont les ennemis mena- » cent cette ville (Marseille) [1]. »

Les circonstances obligeaient Louis XIV à prendre des précautions. La ligue d'Augsbourg, à la tête de laquelle se trouvait Guillaume III d'Orange, roi d'Angleterre et Stathouder de Hollande, avait infligé à la flotte française d'irréparables échecs. Le désastre de La Hogue, en 1692, ne laissait au grand roi aucune espérance de succès sur mer. La perspective d'un

---

[1] cf. Archives de la Marine. *Lettres reçues*, 1695, M. de Bombelles, 11 mars.

bombardement de Marseille n'était pas faite pour lui sourire, et lui fit penser que les ennemis avaient des intelligences dans la place. La liberté des discours des religionnaires les trahissait. Plusieurs forçats protestants et un soldat de la *Sirène*, soupçonné de porter leurs messages, furent arrêtés, interrogés et fouillés. Une grande quantité de lettres et de papiers furent expédiés à Paris [1].

De ces documents il était aisé de conclure que cinq ou six *esprits séditieux* encourageaient tous les protestants dans leurs croyances et leur distribuaient de l'argent. Le plus *dangereux* d'entre eux était un nommé *Berger* [1].

Il n'y avait pas trahison. Il y avait désobéissance aux ordonnances royales sur les protestants : il y avait même des paroles imprudentes, comme ces vœux exprimés à haute voix, que Marseille fût bombardée et que Guillaume d'Orange pût délivrer les galériens ; mais il n'y avait pas l'ombre d'une trahison. Toutefois Louis XIV, vaincu et entouré d'ennemis, avait parfaitement raison de se méfier et d'observer minutieusement tous ceux qui, comme les galériens protestants, entretenaient des relations avec l'étranger, quitte à leur rendre justice ensuite si les accusations étaient reconnues fausses.

Le roi prescrivit des enquêtes, fit enfermer Berger dans la citadelle, écouta la proposition de M. de Bombelles de grâcier le serviable Satis, et se décida, le 4 mai 1695, à signer cette grâce, sur l'observation de M. de Breteuil que Satis était impropre à la vogue [2].

Sur ces entrefaites, le roi prit connaissance d'une lettre anonyme écrite à M. de Louciennes, l'informant que le gouverneur de Final [3] envoyait, tous les ans, un Génois espionner à Marseille et à Toulon.

[1] cf. Archives de la Marine : *Ordres et Depesches.* A M. de Montmort, 23 mars 1695 ; — et *Lettres Reçues.* M. de Breteuil, 1 avril 1695 ; M. de Bombelles, 4 avril 1695.

[2] cf. Ibidem ; — Arch. Mar. O. et D. A M. de Montmort et à M. le chev. de Breteuil, 4 mai 1695.

[3] *Final, Finale* ou *Finalemarine*, ville forte d'Italie, 53 kilomètres de Gênes.

Toutes les précautions furent prises pour trouver cet
espion. Mais on eut beau fouiller la correspondance des
religionnaires, on ne put établir aucune relation entre
l'Italie et les protestants. Il semble cependant que,
pour des traîtres, les relations avec l'Italie eussent
été plus aisées qu'avec tout autre pays. La piste sui-
vie de ce côté n'amena momentanément qu'une arrestation celle d'un nommé *Presto*, dit *Lépinay* ou *Les-
pinay*; et encore fut-il impossible de le convaincre de
trahison. Il était accusé d' « auoir eü des conferences
auec l'admiral Russel [1] » et de lui avoir livré des plans
de Marseille et de Toulon. Il eut à s'expliquer sur sa
présence dans la flotte ennemie et sur un séjour de
deux semaines dans un *bruslot* [2] anglais, commandé
par un nommé *Desorbiers*, français religionnaire.
Ajoutons que ledit Lepinay sentait la trahison. Il
était nouveau converti. Il nia les accusations portées
contre lui et expliqua sa présence dans la flotte anglaise par le fait assez naturel qu'il avait été fait prisonnier à Cadix. L'affaire n'eut pas de suites. Lepinay
fut retenu prisonnier pendant quelque temps et finalement relâché [3].

L'affaire des religionnaires donna des résultats
plus appréciables. L'argent reçu passait par des intermédiaires de la ville. L'un d'eux fut découvert.
C'était un Suisse, nommé fréquemment dans les lettres saisies. Ce Suisse, écrivait le chevalier de Breteuil, « est le bureau d'adresse de tous les Religion-
» naires, il leur fait rendre des Lettres, leur donne
» aussy de l'argent. Je le trouue meslé dans touts
» les papiers que je leur ay pris... Comme c'est un
» Suisse, on est embarrassé comment s'y prendre.
» Il n'est pas assez criminel pour le faire arrester, ny
» le chasser [4]... » Le roi vint au secours du chevalier par
une ordonnance portant que tout étranger soupçonné

[1] Commandant l'escadre anglaise de la Méditerranée.
[2] Bâtiment chargé de matières inflammables et explosives destinées à porter l'incendie dans la flotte ennemie.
[3] cf. Arch. Marine. O. et D. 1965. A M. de Montmort, 6 avril, 27 avril, 21 sept., 12 oct. ; A M. de Rancé, 27 avril.
[4] cf. Arch. Marine. *Lettres Reçues*, 1695. M. de Breteuil, 11 avril.

d'espionnage serait arrêté et enfermé dans les prisons de la ville [1]. Dans son esprit, cette ordonnance visait surtout un nommé *Solicoffre* [1], « homme d'esprit... fort zellé pour sa religion [2] », depuis longtemps noté comme ayant avec les forçats protestants les rapports les plus étroits [3]. En réalité, il s'agissait du nommé *Suisse* ou *Le Suisse*, cabaretier de nationalité suisse [4], contre lequel on procéda à des poursuites et qui fut emprisonné le 27 avril 1695 [5].

Tout ceci se passait en 1695. On n'avait arrêté que deux galériens protestants fameux : *Berger* dont il a été question, et le nommé *Carny*, enfermé dans la citadelle par ordre du 6 juillet [6]. Mais, somme toute, il n'y avait encore que des présomptions sans preuves.. On n'avait rien trouvé de précis, et l'on sentait bien pourtant qu'il devait y avoir quelque chose.

2. — Espions et Religionnaires.

Au mois de mars 1696, une accusation, enfin précise, fut lancée contre l'un des plus *dangereux* forçats du bagne de Marseille : *David Serres*. Il correspondait avec les ennemis de l'État.

..,Pour l'aduis que iay donné à M. de Monmort que un tauernier de la galere fauoritte auoit des liaisons segrettes auec Le nomé Serre heuguenot dangereux forçat seur La meme galere il a comancé de proceder contre luy pour tacher déclaircir la ueritée on l'accuse decrire aux enemis de lestat et ie ne doutte pas que ces malheureux naient des complices ces sortes de religionaires seroient en tous cas Monseigneur beaucoup mieux dans des citadelles que seur les galeres ou touts comerces leurs sont plus libres...

Signé : *Montolieu.*

---

[1] cf. Arch. Marine. O. et D. 1695. A M. le chev. de Breteuil, 13 avril.

[2] cf. Arch. Marine. *Lettres Reçues*, 1695. M. de Breteuil, 20 avril.

[3] cf. ci-dessus, page 40 ; — et Arch. Marine. O. et D. 1692. A M. Le Bret, 30 juillet.

[4] cf Arch. Marine. Lettres Reçues. 1695. M. de Breteuil, 20 avril.

[5] cf. Arch Marine. O. et D. 1695. A M. de Breteuil, 27 avril.

[6] cf. Arch. Marine. O. et D. 1695. A M. de Montmort, 6 juillet.

a Marseille ce 14 mars 1696[1]*.*

Le roi répondit aussitôt de poursuivre cette affaire.

A M. de Montolieu. Versailles, 21 Mars 1696.

...Sa Majesté a approuvé que sur l'avis que le sieur de Bombelles vous a donné qu'un forçat de la favoritte protestant pouvoit avoir des correspondances avec les ennemis, vous en ayiez informé M. de Montmort, affin qu'jl l'jnterroge et cherche touttes les preuues qui pourront l'en convaincre et descouvrir ceux qui y entrent avec luy et sont ses complices. Si le soupçon que ce forçat a quelque commerce dangereux se trouve bien fondé, je proposeray au Roy de l'enfermer dans la Citadelle de Marseille....[2]

David Serres, suffisament désigné par la mention de sa galère la *Favorite*, ne fut pas emprisonné immédiatement. On commença par faire les enquêtes que le roi demandait. Hélas ! pas la moindre trace d'espionnage. L'accusation de correspondance avec les ennemis de l'Etat n'avait aucun fondement. David Serres était tout simplement un religionnaire obstiné.

A M. de Montmort, 28 mars 1696.

J'ay rendu compte à Sa Majesté de ce que vous me mandez que vous auez fait sur l'avis donné par un forçat qu'un autre forçat Religionnaire entretenoit par le moyen de quelques soldats et de son argouzin correspondance avec les Ennemis. Le peu de fondement que vous y auez trouvé doit vous engager à faire observer de près ce forçat pour s'asseurer de sa conduite et connoistre s'jl continue ses jntrigues avec les autres Religionnaires, parce que s'jl se mesloit de les entretenir dans leur opiniastreté le Roy se détermineroit à le faire enfermer dans la citadelle ainsy que le nommé Berger...[3]

Sur les galères passait, à ce moment, un frisson d'épouvante. Dès les premiers jours d'avril,

---

[1] cf. Arch. Marine. *Lettres reçues*, 1696. M. de Montolieu. 14 mars.

[2] cf. Arch. Marine. O. et D. 1696. A M. de Montolieu. 21 mars.

[3] cf. Arch. Marine. O. et D. 1696. A M. de Montmort. 28 mars.

Pierre Serres écrivait : « Divers nuages qui se sont
» élevez sur nos têtes, et qui commencent à gronder
» nous menacent d'un grand orage. La connoissance
» de nos affaires a été donnée, dit-on, à M. l'évêque
» à l'exclusion des missionnaires qui n'en sont pas
» fort contents. On ajoute que cet évêque a reçeu des
» ordres très sévères contre nous, et singulierement
» contre ceux qu'on appelle relaps. On a commencé
» en quelques endroits de donner l'attaque, de me-
» nacer et de mettre à la chaîne courte tous ceux à
» qui on a saisi les livres. Il est à présumer qu'avant
» Pâques cela s'étendra à tous... toutefois, je vois
» nos gens résolus pour soutenir le choc [1]. »

A l'improviste, arriva pour les frères Serres un
assignat de cent livres, de la part de leurs parents,
par l'intermédiaire de leurs amis de Marseille. La
lettre fut interceptée et remise entre les mains de
l'intendant. Un *écrivain du roy*, envoyé par cet intendant questionna longuement les trois frères.

Pierre se refusa à toute réponse. On lui représenta
vainement que ni lui ni ses correspondants ne seraient inquiétés ; que l'intendant désirait uniquee-
ment recevoir en dépôt leur argent pour le distribuer ensuite ; que si lui, Pierre Serres, ne s'occupait
que de lui-même, personne ne verrait à redire au fait
qu'il recevait de l'argent ; mais qu'il ne devait pas
distribuer des secours à tous les forçats protestants,
ce qui exaspérait les pères de la mission. Pierre ne fit
aucune réponse, sinon qu'il se souciait fort peu de
déplaire aux pères de la mission. David, seul des
trois, fut moins discret. Il avoua qu'il recevait de
France et de l'Etranger des secours pour les galériens, que même, il provoquait cet élans de charité
par ses lettres, et qu'il touchait les mandats chez
des gens de la ville ; mais il ajouta qu'on pouvait le
déchirer en pièces sans pouvoir jamais lui faire dire
les noms de ses correspondants [2].

On fut plus sévère pour le moins obstiné.

[1] cf. Bull. XVIII, p. 149.
[2] cf. Bull. *Journal des Galères*, XVIII, p. 34.

La perspective de recevoir un supplément d'a-
veux, de la part de David, lui valut un emprisonnement momentané à l'hôpital des forçats. Un
premier cachot ayant même paru trop peu malsain,
on lui en procura un autre. Pierre Serres nous donne
les détails suivants : « Il a été changé de cachot et
» de quartier, et mis dans un autre plus obscur et
» plus incommode à tous égards, où il a été impitoya-
» blement mené, chargé d'une pesante chaîne, où
» on l'a attaché dans un temps où il était atteint de
» douleurs par toutes les parties de son corps, et
» singulièrement aux jambes qui étoient de même
» fort enflées par des fluxions qu'avoit causées l'hu-
» midité de son cachot, de sorte qu'à en juger par
» la conduite qu'on tient à son égard, on a lieu de
» croire qu'on ne le traite d'une manière si cruelle
» et si peu chrétienne que pour en voir bien tost la
» fin.... Il ne lui est permis de parler ni de voir per-
» sonne, qu'à un misérable garde qu'on a mis auprès
» de lui exprez pour le rendre d'autant plus malheu-
» reux. Ce malhonnête homme, qui a eu plusieurs
» gratifications de lui, surprenant le Suisse qui l'al-
» loit voir quelquefois manger de la viande que
» l'abbé lui avoit donnée, fut le rapporter au père
» Girard, qui, bien qu'honnête homme d'ailleurs, est
» tellement bigot, qu'il lui en fit un crime capital
» (c'étoit en carême). On le fouille, et pour surcroît
» de malheur, on trouve à ce pauvre homme, qui
» avoit abjuré, un Nouveau-Testament ; d'abord on
» en avertit les supérieurs qui lui commandent de
» dire qui lui a donné ce livre. La crainte lui fit
» avouer que c'étoit mon frère ; jugez quel désordre !
» On veut sçavoir présentement qui le lui a porté,
» pour en suite apparemment sçavoir qui le lui a en-
» voyé, ce qui embarrasseroit bien des gens. Mais
» jusqu'ici il a tenu bon, nonobstant toutes les mena-
» ces qu'on lui a faites, disant qu'il n'en sçait rien.
» On a aussi saisi à quelques imprudents, une Bible,
» un Nouveau-Testament et d'autres livres... [1] »

[1] cf. Bull. *Journal des Galères*, XVIII, p. 35 et suiv.

La découverte du Nouveau-Testament ne pouvait être favorable à David Serres. Toutefois, les perquisitions n'ayant pas amené d'autres résultats, le roi fut obligé de convenir que les preuves n'étaient pas suffisantes pour convaincre les prévenus d'espionnage[1]. Il ordonna de garder les protestants soupçonnés sur les galères[2], ce qui eut pour effet de ramener David Serres sur la *Favorite*. Et il se borna à rendre l'ordonnance suivante :

11e avril 1696,

Ordonnance pour Empêcher le commerce des Lettres des forçats religionnaires ou nouueaux conuertis dans les Païs Etrangers.

De par le Roy,

Sa Majesté étant jnformée que la pluspart des forçats religionnaires ou nouueaux conuertis qui sont sur les Galères entretiennent commerce et correspondance dans les païs Etrangers d'ou jls reçoiuent des secours qui les entretiennent dans leurs Erreurs, a quoy étant necessaire de pouruoir, Sa Majesté a ordonné et ordonne que touttes les Lettres qui seront à l'auenir adressées aux forçats religionnaires, ou nouueaux conuertis, ou autres qui sont sur les Galères seront portées chez le Commissaire qui a le détail des chiourmes, pour être par luy examinées auant qu'Elles leur soient rendües, avec deffenses aux officiers et Bas officiers des Galeres de porter, ou souffrir qu'il soit porté par leurs Domestiques aucune Lettre desdits forçats a la poste sans estre preablablement examinées par ledit Commissaire, a peine d'jnterdiction pour les Officiers d'être chassés du seruice, et de six mois de Prison pour les autres. Mande Sa Majesté au sieur de Montmor, Jntendant desdittes galeres, au Major d'jcelles et à tous autres qu'il appartiendra de tenir la main à l'Execution de la presente ordonnance, fait a Marly, le 11 auril

[1] cf. Arch. Marine. O. et D. 1696. A M. de Montmort 4 avril.
[2] cf. Ibidem. Au même, 11 avril.

1696. Signé Louïs et plus bas, Phelypeaux, colla-
tionné. Signé : Montmor [1].

Il est indiscutable, pour celui qui a lu les correspondances des galériens protestants, que ceux-ci ne
faisaient point d'espionnage et qu'ils ne songeaient
nullement à trahir leur pays. Toutefois, que devait
penser Louis XIV lorsqu'il lisait des appréciations
dans le genre de celle-ci : « La Reyne et leurs H. P.
« que Dieu [a] couverts de Lauriers et de gloire, sont
« pressés et sollicités par la France et l'Espagne de
« leur donner la paix, les troupes de ce Royaume
« autre fois florissant foibles et Intimidés, ses bou-
« levarts saisis, ses trésorts Epuisés, ses provinces
« ouvertes a la mercy du soldat vainqueur la famine
« regnant dans tout ce vaste corps, et les peuples
« par consequent hors d'Etat de fournir aux Finan-
« ces luy disent assés qu'il n'a rien a refuser au bras
« quy l'a humiliée et qu'il faut qu'elle achaipte la
« paix a quelque prix qu'on veuille la luy vendre sy
« elle ne veut voir bientôt sa ruine Entierre..... » [2].
L'historien comprend qu'il s'agit de malheureux
cherchant à obtenir la faveur d'une souveraine et ne
reculant pas devant les éloges les plus pompeux.
Mais Louis XIV, devant ces panégyriques de la puissance ennemie, non-seulement ressentait une profonde irritation, mais réfléchissait très logiquement
que ce qu'il apprenait n'était peut-être rien, en comparaison de ce qu'il ignorait, et que les princes étrangers pourraient bien faire briller aux yeux de ses
galériens la perspective de la liberté, moyennant
quelques renseignements utiles.

Il était d'autant plus fondé à poursuivre ses recher-
ches concernant les galériens protestants, qu'il y
avait, à cette époque, organisée dans tous les ports
de la Provence, et notamment à Marseille et à
Toulon, une vaste entreprise d'espionnage. Jusqu'à
présent, on n'avait encore rien trouvé de précis ;

[1] Cf,. Archives. *Receüil des Ordonnances*, par le sieur du Gay, tome VIII.
[2] Cf. Ant. Court. XI, f° 276. P. Serres, Valette, etc. Au Marquis
de Rochegude. 30 mai 1709.

mais, d'une part, on savait, depuis l'année précédente, que le gouverneur de Final envoyait, tous les ans, un Gènois explorer les rives du littoral, et, d'autre part, l'on connaissait quatre noms derrière lesquels devaient se cacher des coupables. Ces noms étaient ceux de : *Perlier*, *Jacques*, *Vilain* et *La Roche*[1]. Trouver le Gènois, découvrir quelles personnalités se cachaient derrière ces noms, voir s'il n'y avait pas corrélation entre ces individus et les forçats protestants, telle était la préoccupation du roi.

Un religionnaire, signalé déjà comme obstiné, fut soupçonné de connaître les noms marqués ci-dessus. Il était désigné dans les lettres interceptées. C'était un nommé *Lansonnière*[2]. Il fut immédiatement arrêté et enfermé dans la citadelle.

Jusqu'à quel point Lansonnière pouvait-il être accusé de trahison ? C'est ce qu'il est facile de constater par la lecture de ses lettres conservées dans la *Collection Ant. Court* et dans le *Bulletin de l'Histoire du protestantisme français*. Lansonnière était tout simplement un religionnaire obstiné, ni plus ni moins que David Serres, que Carny, que Berger. Un *opiniastre*, oui ; un traître, non ! Il est matériellement impossible de prouver qu'il ait participé à une affaire d'espionnage. Et il est, au contraire, très facile de se convaincre que Lansonnière désirait uniquement, et cela par des procédés loyaux, recouvrer sa liberté au même titre que ses compagnons de chaînes protestants. Il est même impossible de découvrir la moindre trace d'une relation quelconque entre Lansonnière et les espions présumés : Perlier, Jacques, Vilain, La Roche. Toutefois, — et c'est ici une hypothèse *purement gratuite*, — les forçats protestants communiquaient entre eux par des intermédiaires, surtout lorsqu'il s'agissait de communications entre les galères et la ville ou les prisons. Ils se servaient de soldats, d'argousins, ou même de

[1] Cf. Arch. Marine. O. et D. 1696. A M. de Montmort, 18 avril.
[2] Cf. *Ibidem*.

forçats catholiques (lesquels avaient plus de liberté qu'eux), qu'ils payaient pour les servir avec l'argent venu de l'étranger. Nous aurons l'occasion de revenir là-dessus. Ils prenaient les premiers venus, ceux qui voulaient bien, sans les connaître. Il n'est donc pas impossible, à la rigueur, que Lansonnière, ou Serres, ou d'autres huguenots, aient eu l'occasion d'avoir à leur service tel ou tel individu, qui se trouva, *à leur insu*, être un espion. Ils ont certainement employé bien des criminels. Mais nous répétons que cette supposition est absolument gratuite et qu'aucun texte ne la justifie.

« Aucun texte », disons-nous ; si nous avons compris la lettre suivante :

A M. de Montmort, 18 avril 1696

J'ay trouué dans les lettres qui ont esté jnterceptées, de gens qui mandent de Paris dans les pays ennemis ce qui s'y passe, le nom de Lansonnière, l'un des forçats que vous auez soupçonné de ces sortes de correspondances comme d'un homme qui connaissoit qui sont Perlier, Jacques, Vilain ou La Roche que nôus cherchons et qui sont apparemment des noms supposés dont les donneurs d'auis se seruent pour se cacher. L'jntention du Roy est que vous l'jnterrogiez vous mesme auec soin que vous taschiez de trouuer quelques unes des lettres qu'on luy adresse ou les habitants de Marseille auec qui jl est en liaison et de l'obliger de déclarer qui sont les gens dont je vous marque les noms et s'jl vous les désigne assez bien pour les reconnoistre, vous les ferez arrester s'jls sont à Marseille ou vous en escrirez au sieur Le Vasseur qui suiura ce que vous lui manderez. Vous ferez ensuite enfermer ce forçat dans la citadelle, suiuant l'ordre que vous en trouuerez cy joint, vous empescherez qu'jl parle a personne après son jnterrogatoire [1].

Il y avait donc des gens qui donnaient avis aux pays étrangers de ce qui se passait à Paris, et dans

---

[1] cf. Arch. Marine. O. et D. 1696. A M. de Montmort, 18 avril.

leurs lettres interceptées se trouvait le nom de Lans-
sonnière. Nous avons le très vif regret de n'avoir pu
découvrir dans la correspondance de M. de Montmort
les lettres qui ont immédiatement précédé et suivi
celle-ci. Nous y aurions sans doute trouvé l'explica-
tion que nous cherchons. Toutefois, — et nous de-
mandons à être réfuté par des textes, — il ne peut
être question ici que de correspondance entre protestants. Les étrangers auxquels il est fait allusion
se renseignaient non sur tel ou tel point de notre défense nationale, mais sur la situation faite aux protestants. On ne trouve pas autre chose que des plaintes ou des supplications dans les lettres qu'écrivaient
les protestants à leurs amis de l'étranger et c'est uniquement de ces correspondances-là que M. de Montmort avait pu soupçonner Lansonnière. Cette opinion sera confirmée par les résultats de l'enquête
faite sur cette question. Par conséquent, si, dans les
correspondances saisies, à Paris ou ailleurs, le nom
de tel ou tel forçat protestant se trouve en présence
des noms : Perlier, Jacques, Vilain, La Roche, il
nous semble évident que ces noms désignaient tels
ou tels messages des galériens, dont les crimes ne
sauraient entraîner en rien la culpabilité des protestants.

L'enquête faisait rapidement des progrès. On avait
réussi à découvrir les coupables dans tous les ports
espionnés du littoral, sauf à Toulon et à Marseille.
On avait même le signalement de l'émissaire gênois
du gouverneur de Final [1]. Louis XIV activait les re-
cherches ; de nouveaux pseudonymes des espions
furent découverts : *Resher*, *Lainville*. Toutefois Lansonnière n'était pas encore convaincu de relations
avec ces gens là [2]. C'est à se demander si les premières suppositions sur son compte étaient fondées.

---

[1] cf. Arch. Marine. O, et D. 1696. A M. de Montmort, 2 mai.
[2] cf. Ibidem. Au même, 9 mai.

3. — CONFUSION

Il est probable qu'on eût abandonné les accusations portées contre les religionnaires, si l'affaire des espions n'avait fait dans la seconde semaine du mois de mai un grand pas en avant.

A cette époque arriva à la poste de Marseille un message pour un nommé *Vincent Serres*, marchand. Le message fut intercepté, probablement parce qu'il portait un nom mal famé, et envoyé au roi. L'enveloppe fut ouverte et l'on y trouva une lettre destinée à un nommé *Jacques Vilain* [1]. Fortement ému, Louis XIV ordonna de suivre cette piste, d'enfermer Vincent Serres et de l'obliger par tous les moyens à déclarer qui était Jacques Vilain. Deux jours après, une nouvelle lettre adressée au même Serres pour le même Vilain fut découverte[2]. Il fallut alors redoubler de zèle et presser plus que jamais tous les prévenus de déclarer ce qu'ils savaient. Lansonnière fut longuement interrogé et retenu plus à l'étroit que jamais à l'hôpital avec Garny et un patron mayorcain, récemment arrêté. De Cheissat et Néau furent transférés de l'hôpital dans les cachots du château d'If [3]. Bref, toutes les enquêtes furent faites rigoureusement, et comme on le voit, les forçats protestants ne furent pas oubliés.

Heureusement pour tout le monde, les vrais coupables furent rapidement découverts. Avant la fin du mois de mai, quatre personnes, dont le fameux Jacques Vilain, étaient arrêtées, et l'on apprenait le nom de l'espion qui opérait à Toulon : *Perlier*. Ces misérables furent même surpris au moment où il se négociait un rendez-vous important dans la ville de Lyon, chez un tailleur nommé Labbé, avec un individu du nom de Turpin, qui devait venir de Genève. On essaya bien de surprendre ledit Turpin en lui faisant dire que le rendez-vous tenait toujours ; mais nous

[1] cf. Ibidem. Au même, 14 mai.
[2] cf. Ibidem. Au même, 16 mai.
[3] cf. Ibidem. Au même, 23 mai.

n'avons pu savoir ce qu'il en fut. Turpin ne fut certainement pas découvert [1].

Mais qu'importait qu'un étranger vint s'ajouter aux
accusés? Les vrais coupables, — des Français, mais
non des Français protestants, — étaient pris. Les
preuves abondaient, écrasantes, pour les inculpés.
Contre *Jacques Vilain*, il y avait ses lettres, plus des
documents renfermant une liste des vaisseaux armés
à Toulon, les noms des officiers, l'état des équipages,
des canons, l'évaluation des tirants d'eau [2]. Contre
les nommés *Baudy* et *Robin*, il y avait les aveux de
l'un d'eux, Baudy, qu'il recevait par l'intermédiaire
de Robin des appointements des Etats généraux [3].
Tout cela était plus qu'il n'en fallait. Aussi Louis XIV
dût-il être singulièrement heureux de signer le
6 juin 1696 l'arrêt qui confiait à M. de Montmort le
soin de juger les coupables [4].

En toute bonne conscience, le roi pensait avoir
trouvé les vrais auteurs de la tentative d'espionnage,
et ne songeait certainement plus à impliquer dans
cette affaire les forçats religionnaires, uniquement
coupables d'avoir violé ses ordonnances sur la
R. P. R. Il avait compté sans ses mandataires, et nous
allons assister à ce curieux spectacle : le roi persua-
dant à ses intendants que les deux affaires étaient
distinctes, et ceux-ci s'efforçant de trouver des points
de contact. Le roi, Lois XIV, le signataire de l'Edit
de révocation, moins dur pour les protestants que ses
subordonnés. L'influence du clergé était-elle plus
grande à Marseille qu'à la Cour? Il y avait un certain
sentiment de la justice dans l'âme du grand roi.

Depuis la découverte du marchand *Vincent Serres*,
l'attention était attirée sur les trois frères *Serres*. On
voulut conclure de l'identité du nom à une parenté
étroite et à la culpabilité. Ce projet était extrême-
ment malaisé à réaliser. Tout le monde savait qu'il

---

[1] cf. Arch. Marine. O. et D. 1696, A M. de Montmort, 30 mai.
[2] cf. Ibidem. Au même, 6 Juin.
[3] cf. Ibidem. A M. de la Reynie, 6 Juin.
[4] cf. Ibidem. *Arrest qui commet M. de Montmort...* 6 Juin 1696.

n'y avait aucune parenté entre le premier et les se-
conds ; car Vincent Serres était depuis longtemps
établi à Marseille [1]. Ce dernier était tout au plus susceptible d'être regardé comme intermédiaire pour la
correspondance des trois frères. Toutefois on insista
sur ce qu'ils portaient le même nom, sur le fait que
Vincent Serres était un religionnaire, d'origine lan-
guedocienne ; on jeta les plus grands soupçons sur
les trois frères ; on les fit passer pour des ennemis
de l'Etat et pour des traîtres ; on alla jusqu'à préten-
dre qu'ils avaient l'intention d'incendier les galères
et le parc royal [2].

4. — Eclaircissement.

La frayeur s'empara des galériens. De jour en jour
les fausses accusations s'accumulaient. *David Serres*,
qui conservait de nombreuses lettres et des envois
de toute sorte reçus de l'étranger, sentit qu'il était
prudent de mettre en sûreté quelques livres et quelques papiers déposés dans un endroit susceptible
d'être découvert [3]. Il en fit un paquet avec de la toile
et chargea un forçat sous-tavernier, catholique, de
sa galère la *Favorite*, nommé *Pasquet* [4], de les faire
parvenir à un autre forçat protestant, *Sabatier* [5].

David Serres et Pasquet convenaient ensemble
que ce dernier remettrait les livres à la femme d'un
soldat de la *Favorite*, lorsque leur conversation fut
surprise, à leur insu, et rapportée à l'intendant, M.
de Montmort [6]. Ce dernier mit au courant de ce détail

---

[1] Il y avait aussi un marchand de ce nom-là au Vigan. Ce *Serres* était
de l'aveu même de *Jacques Boyer*, fils, correspondant d'Angleterre pour les
religionnaires. cf. Bull. XLII, p. 307. Il faudrait chercher s'il n'y avait rien
de commun entre celui-ci, Vincent Serres et *Etienne Serres*, receveur des
finances à Montpellier, galérien, déporté, naufragé, cf. Bull. XXX, p. 27.

[2] Cf. Bull. *Journal des Galères*, XVIII, 151 et suiv.

[3] Cf. Bull. *Journal des Galères*, XVIII, p. 151 et suiv.

[4] Cf. Arch. Marine. *Lettres reçues*, 1696, M. de Bombelles 18 Juin.

[5] Cf. Bull. *Journal des Galères*, XVIII, p. 33.

[6] Cf. Bull. *Journ. des Galères* XVIII, p. 33.

M. de Bombelles, major des galères, le 16 juin 1696[1] Mais la commission avait été rapidement faite et le colis était déjà chez la femme du soldat.

M. de Bombelles savait corrompre les gens. Il fit venir cette femme et lui promit une récompense si elle lui faisait connaître comment les forçats protestants s'arrangeaient pour recevoir les envois à leur adresse. Toute l'intrigue, par ce moyen, fut découverte. La femme réfléchit qu'elle avait tout à gagner en avouant, tout à perdre en refusant. Elle prit l'argent et livra les secrets[2], alors que, jusqu'à ce moment, elle avait fidèlement rendu service aux huguenots[3]. Après avoir promis à M. de Bombelles de lui raconter toute l'affaire, elle retourna chez elle pour chercher les papiers compromettants. Son premier soin fut d'ouvrir le mystérieux paquet de livres, persuadée « par les précautions qu'on prenoit au sujet » de ce balot, que peut estre jl y auoit quelque » chose contre le seruice du Roy », dit M. le bailly de Noailles[4] ; « de peur que ce ballot contînt quelque chose qui pût luy faire de la peine », insinue, avec beaucoup plus d'à propos, M. de Bombelles[5].

Une première fois, elle apporta à ce dernier une lettre dans laquelle Pasquet la priait de porter les livres à la femme du nommé Peloux. La manufacture de draps *Peloux* avait été établie à la « riue neufue » dans un endroit appelé le *marquisat*, par un M. Darnoux. Elle était dirigée par Peloux, nouveau converti, dont la femme, qui était protestante, favorisait, malgré la faible défense qu'elle en avait reçue de son mari, les forçats religionnaires. Ceux-ci fréquentaient le plus possible cette maison hospitalière. Ils y travaillaient même, et s'y réunissaient fréquemment pour y célébrer leur culte[6].

---

[1] Cf. Bull. *Journ, des Gal.* XVIII, p. 151 ; — Arch. Marine. *Lettres reçues*, 1696 M. de Bombelles, 18 juin.

[2] Cf. Arch. Marine. *Lettres reçues*, 1696. M. de Bombelles, 18 juin.

[3] Cf. Bull. *Journ, des Gal.* XVIII, p. 151.

[4] Cf. Arch. Marine. *Lettres reçues.* 1696. M. le bailly de Noailles. 18 juin.

[5] Cf. *Ibidem*, M. de Bombelles. 18 Juin.

[6] Cf. *Ibidem*.

A un second trajet, la femme du soldat de la *Favorite* apporta à M. de Bombelles les fameux livres qu'elle avait préalablement visités. Aussitôt, ce dernier les envoya au bailly de Noailles. Et le bailly décrit rapidement la visite de ces documents. « J'ennoyay le Major (M. de Bombelles) chez M. de Montmort, qui s'estant rendu chez moy nous visitâmes ces liures ensemble, parmy lesquels nous trouvames des catechismes, des pseaumes, des nouueaux essais de morale, des sermons, des Lettres pastorales, et plusieurs autres liures de cette sorte jmprimez a Geneue, et en Hollande, y en ayant même plusieurs exemplaires de chacun. » Il y en avait soixante, en tout[1].

Il ne s'agissait plus que de prendre les coupables sur le fait. Ces messieurs décidèrent que la femme du soldat écrirait à Pasquet pour lui demander un rendez-vous, afin de porter les livres où il le désirerait. Le colis soigneusement replié fut rendu à la femme, à qui Pasquet répondit de se trouver le 18 Juin, avant le jour, dans un petit bateau vis à vis de la Maison de Ville. Avant trois heures et demie du matin, M. de Montmort était caché dans un magasin de blé situé en face de là manufacture Peloux, et le major de Bombelles était aux aguets dans un canot. De Bombelles vit arriver successivement la femme portant les livres, puis Pasquet *accouplé*, suivant les règlements, avec un bienveillant pertuisanier. Il les suivit jusqu'à la manufacture et y pénétra, à leur suite, avec M. de Montmort.

Là, pour un Intendant et un Major des galères, le spectacle n'était pas banal. 13 des plus fameux huguenots se trouvaient, pour ainsi dire, en liberté, sans chaînes, nullement *accouplés,* et « gardez seulement par une vieille Rachel des plus opiniastres qui soient dans Marseille ». La vieille Rachel était la femme de Peloux. La surprise fut grande pour tous. Pasquet, pris sur le fait, commença par nier. Mais

---

[1] Cf. *Ibidem.* M. de Bombelles 18 Juin : et comp. M. de Noailles même date.

des menaces et quelques coups de canne lui firent
avouer que les livres étaient envoyés par David
Serres à Sabatier. On apprit que les huguenots
venaient, à tout instant, chanter des psaumes chez
Peloux et que, trois ou quatre mois auparavant, on
y avait célébré la Cène. On découvrit aussi, toujours
par le moyen de Pasquet terrorisé, que David Serres
avait un coffre rempli de papiers et de livres déposé,
par les soins d'un forçat nouveau converti de la
Favorite, *Jacques Menelier*, chez un maître armurier
de la ville. Coffre et forçats, tout fut saisi ; la bande
des *opiniastres* fut conduite chez M. de Montmort [1].

5. — Le Roi et ses intendants

Chacun des obstinés fut longuement interrogé. Tous
les documents saisis, — et rien n'avait été négligé,
même une liste des *Confesseurs de la vérité*, même la
Vie des saints martyrs, « avec les circonstances les
plus remarquables de tout ce qui s'est passé pendant
leur persécution [2] », — tous ces documents, disons-
nous, furent minutieusement examinés. L'intendant
de Montmort, le bailly de Noailles et le major des Galères, sans compter les Pères de la mission, sans doute,
en furent peut-être attristés ; mais ils ne purent
découvrir la plus petite preuve de relations entre les
huguenots et les prévenus d'espionnage. La femme
de *Peloux* fut relâchée et surveillée ; la plupart des
religionnaires furent remis sur leurs galères respectives, enchaînés étroitement. Seuls, *Pasquet*,
David Serres, Sabatier et *Musseton* furent voués à la
prison. L'intendant aurait même voulu les enfermer
dans la citadelle, preuve de sa haine ; mais le gouverneur refusa de les recevoir sans un ordre du roi,
que nul n'osa sans doute demander. Alors M. de
Montmort fit construire, à leur intention, dans une

---

[1] Cf. Arch. Marine, *Lettres reçues*, 1696. M. de Noailles, 18 juin ;
M. de Bombelles, 18 juin ; M. de Montmort, 20 juin ; — Bull. *Journal des
Galères*, XVIII, p. 33.

[2] Cf. Arch., marine, *Lettres reçues*, 1696. M. de Montmort, 20 juin.

des salles de l'hôpital, de très petits cachots en planches, très obscurs, avec une chaîne fixée à la muraille. Une liste de *forçats dangereux*, susceptibles d'être conduits dans ces cachots, fut dressée ; on pouvait y lire les noms des trois frères Serres [1].

Le roi, en apprenant ces détails, ordonna de punir les coupables.

J'ay rendu compte au Roy de la descouuerte que vous auez fait des intrigues des forçats religionnaires qui ont correspondance auec des ministres de Geneue et tirent des pays estrangers des secours d'argent auec lesquels jls maintiennent les autres dans leur opiniastreté. Sa Majesté l'a regardé comme un seruice considérable dont Elle vous sçait gré. Elle attendra les procédures et jnterrogatoires que vous auez fait à ceux que vous auez jugé en estre les autheurs.... Elle a este surprise que vous ayiez souffert depuis longtemps qu'un aussy grand nombre de religionnaires se trouuast rassemblé en un mesme lieu et trauaillant en mesme temps dans la manufacture des draps du sieur Peloux, ne deuant point douter qu'jls n'y fissent les exercices de leur religion, puisque ce sont les plus opiniastres, et que la femme du dit Peloux n'en paroist faire aucuns de catholicité. M. de Bret [2] aura ordre d'obseruer sa conduitte de près, et les fermiers généraux chargeront leurs commis d'auoir plus d'attention aux ballots de liures qui passeront par Lyon qu'jls n'ont eu par le passé, surtout lorsqu'jls viendront de Geneue. A l'esgard de la facilité qu'ont les argouzins pour la sortie des forçats. Il est aysé d'y remedier en punissant, conformement aux reglements qui ont esté faits, ceux qui y contreuiendront. Il faut examiner ceux des galères sur lesquelles sont les religionnaires qui trauailloient dans la manufacture pour descouurir sur quels ordres jls les laissoient deferer et sans pertuisaniers et quelle garantie ils auoient prise [3].

---

[1] Cf. Arch., marine. *Lettres reçues*, 1696. M. de Montmort. 25 juin, 18 juillet ; et Bull., *journal des Galères*, XVIII, p. 33.

[2] *Le Bret*, intendant de Provence.

[3] Cf. Arch. Marine, O. et D. 1696. A M. de Montmort, 27 juin.

Où est l'accusation d'espionnage ? Dès le début, Louis XIV n'établit pas dans son esprit la moindre confusion entre cette affaire et celle des espions. S'il avait considéré David Serres, Sabatier et Musseton comme des traîtres, eût-il reculé devant une dépense pour les faire mettre dans la Citadelle ?

J'ay rendu compte au Roy de la descouuerte qui a esté faite d'un ballot..... etc. Il seroit à désirer qu'on pust enfermer tous les Religionnaires qui restent, au moins les plus séditieux, mais ce seroit une depence et un embarras considérable que le Roy a voulu éuiter jusques a present [1]*...*

Il suffit au roi que des désobéissants reçoivent une punition proportionnée à leur désobéissance.

J'ay rendu compte au Roy de la descouuerte que vous auez faite des jntrigues des Religionnaires qui sont sur les galeres. Sa Majesté m'ordonne de vous escrire que son jntention est que ceux que vous jugerez estre les autheurs soient mis en brancade et ne sortent plus des galeres...

(Sa Majesté ignorait-elle les petits cachots de l'hôpital inventés par M. de Montmort ?)

...que vous deffendiez aux argouzins de les laisser escrire, ny de souffrir qu'jls reçoiuent des lettres ou soient visités par les autres Religionnaires au'ant qu'jl sera praticable.... J'escris à M. le bailly de Noailles qu'Elle veut qu'jl tienne la main a ce qu'on n'en laisse aucun a terre.... Vous auertirez M. de Pilles des moyens dont jls se seruent, affin qu'jl leur fasse oster les plusmes, ancre et papier necessaire pour escrire, et qu'jl fasse obseruer par ceux qui sont chargez de les garder, si on leur en porte, pour punir ceux qui se mesleront de prendre ce soin. Je ne doutte pas que vous n'ayiez jnterrogé les argouzins des galeres sur lesquelles les forçats trouuez dans la manufacture de la dame Peloux, seruent pour sçauoir par quels ordres jls les y laissent sans pertuisaniers,

---

[1] Cf. Ibidem, A M. de Noailles, 27 juin.

sans estre en couples, et quelle garantie jls ont qu'jls ne s'euaderont point. A l'egard des marchands par lesquels passe l'argent qui a esté enuoyé d'Hollande et de Geneue aux nommez Lansonniere et Serre pour le distribuer aux autres religionnaires, vous ne deuez pas sur ce seul pretexte les arrester...

Comment cela ? Pourtant si ces marchands sont des intermédiaires d'espions, il serait, au contraire, urgent de les arrêter.

.... Jls peuuent auoir eü ordre de leurs correspondants et auoir fait cette remise comme une suitte de leur commerce ordinaire et en les arrestant jls perdent leur credit, qu'on doit conseruer auec soin aux Negotiants, ainsy lorsque vous aurez jnstruit entierement cette affaire, je vous feray sçauoir ceux que le Roy aura estimé mériter quelque peine[1]....

Quelque peine! Il n'y a pas à en douter ; le roi distingue l'affaire des religionnaires et l'affaire des espions. D'ailleurs, voici ce qui est indiscutable ; le roi est convaincu que les désobéissances des protestants *ne tirent pas à conséquence :*

Je vous ay expliqué les jntentions du Roy au sujet des Religionnaires que vous auez trouué chez la dame Peloux et gardez dans la manufacture par elle seule et par une seruante. Vous deuez les executer et laisser assoupir les mouuements que cette descouuerte peut auoir excité. Il faut quelquefois dans ces sortes d'affaires ne pas paroistre tout voir surtout quand elles ne peuuent tirer a aucune consequence, le defaut de correspondance et de moyens d'escrire fera cesser les secours qu'jls tirent des pays estrangers et peut estre leur opiniastreté[2]...

Il était sage, en effet, de *ne pas paraître tout voir :* et il eut été plus sage encore de ne pas voir ce qui n'était pas. On en vint, à force de zèle, à accuser des innocents. Il y avait pourtant bien assez d'innocents accusés.

---

[1] Cf. Arch. Marine. O. et D. 1696. A M. de Montmort. 1er juillet.
[2] Cf. Arch. Marine. O. et D. 1696. A M. de Montmort. 18 juillet.

*J'ay lèù l'jnterrogatoire d'un des soldats accusé
d'auoir serui a porter les lettres des forçats retenus
dans la citadelle et a leur rapporter les responces des
religionnaires qui sont sur les galeres. Il ne paroist
pas par celles qu'jl vous a fait qu'jl en soit coupable.
Il sera difficile que vous en ayiez des preuues qu'en
les confrontant a Serre, a Sabathier et a Musseton
qui sont les trois qui se donnent le plus de mouue-
ment ; et jl valoit mieux decerner contre ces soldats
quelque peine militaire que de s'arrester à des procédures qui feront perdre l'jdée de leur faute*[1].

Bon roi, aveugle encore le 25 juillet! Une peine
disciplinaire contre ces soldats ne compromettait
en rien des huguenots ; tandis qu'une procédure
plus ou moins retorse parvenait à les compromettre.
L'attitude des autorités de Marseille est toute diffé-
rente de celle de la Cour. Ils sont convaincus (?) que
les religionnaires sont un péril national.

Ce qui me surprend, écrit le 18 juin 1696 M. le bailly
de Noailles[2] *c'est la facilité qu'on a de laisser passer
à Lyon et aux doännes les balots de liures sans les
visiter et surtout lorsqu'jls sont adressez, comme
l'estoit celuy-cy a des personnes suspectes (Il estoit
adressé a Serres forçat)*, — *Le Comerce*, écrit
M. de Bombelles, à la même date[3], *que je me suis
aperceu depuis quelques années que les forçats religionnaires auoient dans les pays étrangers, m'a fait
du depuis donner tous mes soins a découurir
ceux qui entretiennent ces jntelligences, qui ne laissent pas de pouuoir être préjudiciables a l'Etat par
les auis qu'ils peuuent donner de ce qui se passe, afin
de tâcher d'en arêter le cours.....*

Qu'on admire les flatteries de courtisans qui émail-
lent ces lettres. M. de Bombelles y excelle.

*.... J'ay eu l'honneur de vous marquer, Monsei-
gneur, a mesure que j'en ay decouuert quelqu'un,*

[1] Cf. Arch. Marine, O. et D. 1896, A. M. de Montmort, 25 juillet.
[2] Cf. Arch. Marine *Lettres reçues*, 1696, M. de Noailles, 18 juin.
[3] Cf. Arch. Marine, *Lettres reçues* 1696, M. de Bombelles, 18 juin.

*... je n'y ay pas epargné mes soins, mais je prens
à présent la liberté de vous dire que je n'y ay pas
non plus epargné ma bourse à ceux qui pouuoient
m'en donner des nouuelles, afin d'être jnformé de ce
que ces sortes de gens pourroient faire....*

Il faut, sans doute, faire la part de l'influence du
clergé, dont il est important de se concilier les
bonnes grâces. Mais cela encore serait de peu d'importance. C'est la faveur royale qu'il importe d'avoir.
Et si l'on arrive à trouver, non pas tant un espion
ou un traître, mais un individu quelconque, fût-il le
plus honnête homme, et dont on pourra prouver la
trahison aux yeux de Louis XIV, c'est la fortune.
Les protestants sont admirablement placés pour
cela. Les arrivistes ou les parvenus de Montmort,
de Noailles, de Bombelles ont intérêt à ce que les
huguenots soient des traîtres.

Aussi se félicitent-ils des découvertes et des arrestations.

*.... Vous auez veu, Monseigneur, par les Copies
de lettres que j'auois jnterceptées du nommé Meuston,
comme les nommez Serre le puisné et Sabatier sont
reputez pour estre les plus zellez huguenots qui soient
sur les galeres. Leurs jnterrogatoires vous apren-
dront le commerce qu'jls faisoient sur les galeres....
Lansonniere, Serre et Sabatier, estoient les plus capables d'Entr'Eux pour cela, ce qui me fait esperer
qu'estant a present reserrez tout ce Commerce la
pourra une bonne fois finir* [1]*....*

*.... J'ay fait remettre sur les galeres les forçats
trouuez chez la dame Pelou; A l'Egard de Serre le
puisné, Sabatier et Musseton, je les ay laissez a
l'hôpital dans des endroits separez ou jls seront mieux
qu'en galere et ou ils auront moins d'occasion d'e-
crire, et d'Exercer leurs jnquietudes et viuacitez, ce
que je crois très nécessaire pour mestre fin a toutes
leurs jntrigues lesquelles dans la suite pourroient
embarrasser* [2]*....*

---

[1] Cf. Arch. Marine, *Lettres reçues*. 1696, M. de Montmort. 25 juin.
[2] Cf. Arch. Marine, *Lettres reçues*, 1696, M. de Montmort. 18 juillet.

Poussés par leurs intérêts, les intendants s'acharnaient donc sur leurs victimes. Ils y furent encore invités par l'arrivée d'un autre envoi de livres destinés à *David Serres*, vers le 20-25 juillet. On n'avait pas eu le temps de prévenir cet envoi. M. de Peines, capitaine de la *Favorite*, ayant appris l'arrivée à Marseille d'un muletier chargé d'un colis pour l'un de ses forçats, dont il savait aussi le nom, envoya un de ses grenadiers réclamer au muletier ce dont il était chargé, *de la part de David Serres*. La ruse réussit encore. Sans méfiance le muletier remit les livres au gendarme qui s'empressa de les apporter à son capitaine. Deux personnes, le muletier et un de ses amis, furent arrêtées et emprisonnées [1].

C'est par ces actes inqualifiables que les autorités de Marseille se signalaient. Voici une preuve de la facilité, et même, de l'enthousiasme avec lesquels ils acceptaient toute accusation contre un religionnaire. Pendant ce même mois de juillet 1696, un misérable forçat désireux de se mettre en faveur, et s'imaginant peut-être avec raison, trouver par là sa liberté, alla chez l'intendant et le major, accuser *David Serres*, — encore lui! — du crime de lèse-majesté, déclarant qu'il entretenait des intelligences avec les ennemis de l'Etat. Aussitôt les conséquences inévitables s'ensuivirent. Quatre personnes furent arrêtées: un argousin, un soldat et deux matelots de la *Favorite* accusés d'avoir *déchiré*, — c'était plus facile, il n'y avait plus à faire de preuve, — des lettres compromettantes pour David Serres. Celui-ci n'en apprit rien officiellement, chose étrange si l'accusation avait été vraie. Il en fut averti secrètement, et écrivit une dernière lettre à son frère Jean Serres, lui faisant ses adieux pour toute sa vie et prévoyant sa mort prochaine [2].

Tous les documents interceptés devaient former le plus volumineux dossier que jamais accusés aient vu constituer contre eux. Mais tous ces documents

[1] Cf. Bull. *Journal des Galères*, XVIII, p. 150.
[2] Cf. Bull. *Journal des Galères*, XVIII, p. 145.

parlaient en leur faveur. L'inanité de l'accusation d'espionnage était évidente. Ceci n'empêcha pas les autorités de Marseille de chercher pendant trois mois encore, août, septembre et octobre, à établir des rapports entre ces deux affaires. Il leur faisait de la peine de lâcher des religionnaires dans une affaire qui eût pu être si compromettante.

Louis XIV, peu ému des découvertes faites sur les huguenots, ne sévit pas. Le 1er août, il pardonne aux argousins, coupables d'avoir laissé les religionnaires déferrés dans la manufacture Pelloux, et il *consent*, comme par une concession faite à son intendant, à ce que *Serres*, *Sabatier* et *Musseton* restent enfermés dans les cachots de l'hôpital[1]. Le 15 août, autre envoi de livres pour les forçats protestants. Mais le roi s'obstine à recommander la modération. Il fait relâcher le messager, un nommé *Moret* et il prescrit de « n'arrester personne sans ses ordres, à moins qu'il » n'y ait quelque conjoncture pressante qui vous y » oblige[2]. » L'essentiel c'est de terminer le procès des espions. Pendant deux mois, dans toutes ses lettres, Louis XIV demandera à M. de Montmort ce qu'il attend, et mettra en fuite « son espoir de des- » couvrir quelques intrigues nouuelles. » Il se fâchera même, et menacera l'intendant de confier ce procès à un autre[3]. Le 24 octobre la situation est bien nette.

...J'ay rendu compte au Roy de tout ce que vous m'escriuez au sujet des Espions arrestez à Marseille et des interrogations de ceux que vous auez cru estre entrez en quelque liaison ou correspondance auec eux. *Sa Majesté trouue bon que vous laissiez en liberté ceux qui ne vous paroistront coupables que d'auoir donné de l'argent aux forçats religionnaires... et a l'esgard des autres que vous jugerez auoir eü en effet correspondance auec les Espions* dont la pluspart sont suisses *leur nation ne*

---

[1] Cf. Arch. Marine, O. et D. 1696. A M. de Montmort, 1er août.
[2] Cf. Arch. Marine, O. et D. 1696. A M. de Montmort, 15 août.
[3] Cf. Arch. Marine O. et D. 1696. A M. de Montmort, août, sept., oct.

doit pas vous empescher de les juger n'y ayant que ceux qui sont en corps de troupes auxquels Sa Majesté a promis d'avoir une justice séparée...

6. — Dénouement

Nous arrivons enfin au dénouement de cette affaire.

M. de Montmort, 30 octobre 1696.

Monseigneur,

Nous venons de juger les Espions ; Jacques Villain, Paul Robin et Abraham Baudit ont esté condemnez à estre pendus au bout du Cours après avoir fait amande honnorable et leurs corps à rester 24 heures exposez. Vincent Serre, mandé, Blasmé et admonesté avec deffenses d'avoir de pareils commerces à peine de la vie et condemné à 100 l. d'amande. Conrad Solicoffre, mis hors de Cour pour le fait des Espions, mais pour le fait du bapteme de l'enfant de Binder renuoyé à Sa Majesté comme ledit Binder. Les deux sergens des troupes de terre porteurs de lettres aux prisonniers d'estat et Claude Rousset, nouuel espion, arresté et renuoyé pareillement à Sa Majesté pour ordonner ce qu'elle jugera à propos. Gaspard et Daniel hermand Solicoffre, Daniel Gongoux, Jacques et Joseph Curet, françois Saillet et Jean Charbonnier de Toulon mis hors de Cour comme les nommez Jacques Meuler, Anne Magnan sa femme et Louis Chapuis.

Je trouue que Vincent Serre, Conrad Solicoffre, Jacques Meuler et sa femme en sont quittes à trop bon marché comme les deux autres Solicoffre, mais tout homme qui a de l'argent icy trouue de grosses protections. Les deux premiers et Meuler et sa femme méritoient d'estre bannis et les deux autres Solicoffre à de grosses amandes.

Vous verrez, Monseigneur, ce que ledit Conrad Solicoffre méritera pour l'affaire de Binder. C'est un très méchant meuble icy que cet homme. Comme il y a bien des petits ordres a donner pour l'execution de ces trois hommes je ne pourray que l'ordinaire prochain vous enuoyer autant des jnterrogatoires faits a tous ces gens la sur la Sellete et de leur jugement.....

Signé : *de Montmort.*

A Marseille, le 31 octobre 1696 [1]

Que sont devenus les huguenots? Pendant près de cinq mois on avait essayé d'impliquer les principaux religionnaires dans ce procès ; on avait arrêté une foule de personnes soi-disant suspectes, pour arriver à de prodigieuses éliminations. Pas un seul des galériens protestants arrêtés n'avait paru sur l'acte d'accusation. 19 personnes avaient été retenues pour tentatives d'espionnage. 15 furent mises hors de cause. Il y avait 3 véritables espions. Vincent Serres était un intermédiaire non coupable.

A vrai dire, les juges furent blâmés. Le roi trouva qu'on aurait dû « faire donner la question » à tous les prévenus, augmenter l'amende de Vincent Serres. On procéda même à l'emprisonnement de Claude Rousset, et à l'expulsion de la famille Binder, à cause de cette affaire du baptème, que nous n'avons pu préciser. Mais les huguenots des galères avaient été dès l'abord écartés d'un procès où ils n'avaient rien à faire. L'intendant déclara qu'il avait fait tout ce qu'il avait pu ; et le roi, lui, déclara qu'il était satisfait [2].

Ce jugement une fois rendu, l'affaire des espions était terminée. Mais comme si elle était plus grave, celle des religionnaires ne l'était pas, et ne devait pas l'être. On peut trouver que l'erreur commise dans les accusations lancées contre *David Serres, Sabatier, Musseton, Lansonnière, Carny, Berger,* etc., etc., demandait une réparation. On n'y songea

[1] Cf. Arch. Marine. *Lettres reçues.* 1696. M. de Montmort. 30 oct.
[2] Cf. Arch. Marine. O. et D. 1696. A M. de Montmort. 14 nov. ; A M. de la Reynie, 14 nov. et 21 nov. ; — *Lettres reçues.* 1696. M. de Montmort. 21 nov.

pas. Les prisonniers restèrent prisonniers. On oublia de terminer une affaire qui n'était pas préjudiciable à l'Etat et au roi. Quel plus parfait démenti pouvait-on donner aux accusateurs d'espionnage? Les cachots de l'hôpital ne devaient pas rester inoccupés; et, tandis que David Serres y finissait avec ses compagnons, l'année 1696, ses deux frères, en août, septembre, octobre, voguaient à Collioure, à Cette, au cap de Quiers, à Saint-Philippe, à Roses, à Barcelone, essuyaient des orages, battaient les Espagnols, et tombaient malades à leur retour, comme *Pierre Serres*, qu'un antrax à la poitrine retint à l'hôpital pendant un mois [1].

[1] Cf. Bull. *Journal des Galères.* xviii, p. 150 et 151.

CHAPITRE V

Les Frères Serres, galériens

3e Partie, 1697-1702

I. — ABJURER OU SOUFFRIR

L'impartialité nous oblige à constater ici que le 24 mai 1686 Pierre et Jean Serres avaient été condamnés à dix ans de galères, que le 24 mai 1696 était passé depuis plus de sept mois, et que les deux condamnés étaient encore galériens sans aucun espoir de se voir libérés. Quant à David Serres, forçat à perpétuité, il pouvait uniquement constater que pour un homme accusé faussement son emprisonnement à l'hôpital avait déjà duré bien longtemps. Point de quartier pour les huguenots. On n'en était plus au temps déjà lamentable (1679), où l'intendant des galères faisait, un beau matin, cette constatation : « J'ai examiné le registre de la chiourme pour vérifier auquel tems et par qui le nommé Reboul a été condamné. Il l'a été par le conseil de guerre du régiment des gardes en l'année 1660 pour *cinq* ans. Ainsi, comme il est demeuré quatorze ans en galères au dela de son temps, sa liberté pourroit lui être accordée par grâce (*sic*), si vous l'avez, Monseigneur, pour agréable. » Ou encore : « Le nommé Carreau a été condamné aux galères en l'année 1665 pour *deux* ans, de sorte qu'il y a demeuré douze ans au-delà du temps porté par ladite condamnation. »[1].

Nous avons eu l'occasion de signaler la rigueur

---

[1] Cf. Pierre Clément, *La police sous Louis XIV*; — Bull. XVI, 337 et suiv.

des autorités vis à vis des religionnaires. Disons qu'elle était implacable. Nul protestant ne pouvait sortir des galères, ce qui prouve bien qu'ils ne purgeaient pas simplement une condamnation. Leur horizon était borné par l'hôpital, la citadelle Saint-Nicolas, le château d'If. Pour tout autre, fût-il le plus grand scélérat, la règle était moins sévère. Pierre Serres écrira : « On donna encore six cents libertez la semaine passée à des gens qui avaient fait leur tems. Les plus scélérats ont part à la justice ou à la clémence du roy. Il n'y a que les Huguenots qui en soient exclus. On les juge moins dignes que les Sodomites et les empoisonneurs, car on m'a assuré que j'estois sur le roolle, et M. Clément Patanier aussi, mais on nous a biffez[1]. »

L'année 1697 ne ressembla heureusement pas à l'année 1696. On peut dire que relativement elle fut calme. Louis XIV se borna à recommander plusieurs fois à l'intendant général de veiller à ce que les forçats soient traités avec humanité. Il ne veut pas grâcier les *opiniastres,* mais encore une fois, il ne veut pas les maltraiter. Le 6 janvier, *Pasquet,* le premier de ceux qui avaient été mêlés à l'affaire des religionnaires, fut retiré des cachots de l'hôpital et remis sur la *Favorite.* Il est vrai de dire qu'il était catholique. Mais, au mois de décembre, le roi, convaincu que les prisonniers étaient devenus plus sages, fit remettre sur leurs galères *Musseton, Sabatier, Menadier*[2] et *Bancilhon, David Serres* resta dans son cachot de l'hôpital[3].

Mais ces ombres de clémence royale furent éphémères. Louis XIV fut repris du désir de convertir les huguenots. Il semblait, depuis quelques années, y avoir à peu près renoncé, vu leur obstination, déjà si longue, à tout supporter plutôt que de se soumettre. Mais à la fin de 1697, il apprit la conversion de

---

[1] Bull. *Journal des Galères,* XVIII, p. 235. Lettre du 21 juillet 1700.

[2] Ne serait-ce pas le même homme que *Jacques Menetier,* dont nous avons parlé ci-dessus, page 65 ?

[3] Cf. Arch. Marine, O. et D. 1697, A M. de Montmort, *passim.*

six religionnaires *opiniastres,* et les dispositions de huit autres à suivre la même voie [1]. C'est évidemment là ce qui le mit en goût. Pendant l'année 1698, il manifesta fréquemment le désir d'apprendre de nouvelles conversions, et ordonna de priver les protestants de toute espèce de liberté. La mission, habilement dirigée par le *Père Boulanger,* obtint de réels succès, dont Louis XIV se montra satisfait [2].

Il est bien difficile d'apprécier quels étaient les plus *opiniastres :* le roi et ses mandataires, dans leur obstination à contraindre les religionnaires ; ou les religionnaires, dans leur obstination à refuser toute concession. Les résultats seuls de cette longue et sanglante lutte diront quels furent les vainqueurs. Pour le moment, l'avantage était au roi par les conversions obtenues, et si de nombreux réfractaires lui résistaient encore, on pouvait, tout au moins, espérer de nouvelles abjurations, grâce à la participation plus efficace que jamais d'auxiliaires puissants : *les Pères de la Mission.*

2. — Les Pères de la Mission

Bien qu'il ne soit pas facile de dire quel fut exactement le rôle joué par la mission catholique sur les galères de Louis XIV, on peut se risquer à affirmer que ce rôle fut, de tout temps, considérable. Nous avons déjà eu l'occasion de le constater ; constatons-le encore, au moment où cette mission se prépare à donner aux forçats huguenots une preuve si éclatante de son zèle et de sa passion religieuse. Les années 1699 et 1700 sont le triomphe du clergé catholique dans la personne du *P. Boulanger.*

Le véritable pacte entre Louis XIV et le P. Boulanger date de 1698. Déjà le 12 mars, tout ce que ce dernier faisait sur les galères était bien fait.

Je liray au Roy le Rolle des forçats que vous estimez

---

[1] Cf. Arch. Marine. O. et D. 1697. A M. de Montmort, *passim.*
[2] Cf. Arch. Marine. O et D. 1698, *passim.*

*mériter leur liberté et des nouueaux conuertis qui
font bien leur deuoir. Les mouuements que se donnent
quelques religionnaires a present engageront peut
estre Sa Majesté a estre reseruée pendant quelque
temps a faire grâce aux derniers auxquels ce pendant
vous deuez toujours laisser l'esperance de l'obtenir
afin que continuant de viure dans la bonne conduite
qu'jls tiennent, jls y soient confirmez et qu'on soit
plus seur qu'jls s'y maintiendront, et de la sincerité
de leur conuersion lorsqu'jls seront libres* [1]...

A la fin de l'année, le roi lui laisse carte blanche.

*Les missions sur les galeres sont très utiles et mesme
necessaires pour l'jnstruction des forçats, et j'ay
exhorté le sieur Boulenger a en faire aussi souuent
que les conjonctures le permettront* [2]...

Ce fut alors un déchaînement de rigueurs contre
tout ce qu'il y avait de protestant parmi les chiourmes.
Nous dirions que la lutte devenait impossible, si les
résultats ne nous donnaient un démenti. Mais il faut
avouer que les malheureux huguenots ont souffert
tout ce qu'il est possible de souffrir.

Avant d'entrer dans le détail de ces scènes, mentionnons quelques faits de 1698. Au mois de juin,
Jean Serres faisait partie d'une expédition de 14 galères dans la Méditerranée. *Néau* et *Campion* rede-
venaient forçats, de prisonniers qu'ils étaient au
château d'If, où *Ragatz* et *Monnier* étaient encore
enfermés. Le 8 décembre, *Pierre Serres* venait de
recevoir de Guillaume III d'Angleterre, auquel il
s'était adressé pour la délivrance des protestants,
une réponse défavorable. Enfin les Etats Généraux
de Hollande obtenaient difficilement l'élargissement
de dix forçats protestants naturalisés [3].

Dans cette phase nouvelle du combat qui se livrait
à Marseille, se trouvaient en présence : les religionnaires, d'un côté, sans autre soutien que leur énergie

[1] Cf. Arch. Marine. O. et D. 1698. *Au sieur de Boulenger.* 12 mars.
[2] Cf. Arch. Marine. O. et D. 1698. A l'évêque de Marseille. 10 décembre.
[3] Cf. Bull. *Journal des Galères.* XVIII, p. 193, 195 : — Ant. Court. XI. f° 17 ;
Arch. Marine. O. et D. 1698, passim.

et leur foi, avec les quelques secours qui pouvaient encore leur parvenir en fraude ; et, de l'autre côté, Louis XIV, ses intendants, ses officiers, et la mission. Il s'en fallait que ces derniers fussent d'accord entre eux. Chacun voulait commander : d'où conflit : conflit entre officiers et missionnaires, conflit entre missionnaires et évêque. Le roi dût mettre d'accord les uns et les autres.

La méthode des aumôniers et des missionnaires, clergé régulier, consistait à tout faire pour arriver à la conversion des huguenots. La fin devait justifier les moyens. Aussi longtemps que ces moyens ne nuisaient qu'aux seuls galériens, le principe prévalut. Mais lorsqu'il y eut préjudice causé au roi, les intendants, pour qui la faveur royale avait une autre valeur que la faveur du clergé, protestèrent. Ainsi, le P. Boulanger se plaignit, au mois de mai 1699, que la liberté laissée aux religionnaires était excessive. C'était une grave infraction, de la part des chefs, aux ordres du roi. Louis XIV en écrivit aussitôt deux lettres de blâme, à M. Croiset et à M. de Montolieu [1].

Le supérieur de la mission de Marseille m'jnforme que la liberté qu'on laisse aux Religionnaires obstinez qui sont sur les galeres, les mettant en estat d'agir et de s'assembler ainsi qu'jl leur conuient les confirme dans leur endurcissement et leur a mesme donné moyen auec les secours d'argent qu'jls ont de peruertir quelques Catoliques. Sur le compte que j'en ay rendu a Sa Majesté, Elle m'a commandé de vous escrire qu'Elle est surprise que l'execution de ses ordres soit ainsy negligé et abandonné dès que l'jnterest des Cosmes et des bas officiers y est opposé..... Sa Majesté a aussi esté jnformée que ces Religionnaires ne se conforment pas a l'usage qui est establi a leur esgard et a celuy des Turcs pour la posture dans laquelle jls doiuent estre pendant la messe, et autres exercices de religion. Son jntention est que vous donniez ordre aux bas officiers de les y obliger et les

[1] Cf. Arch. Marine. O. et D. Au sieur Croizet, à M. de Montolieu. 27 mai.

punir, et que vous vous jnformiez des aumosniers de
ce qui se passe sur ce sujet[1]....

Comme c'était une erreur manifeste, M. de Montolieu protesta en termes assez vifs :

M. de Montolieu, le 3 juin 1699

Monseigneur,

*Si le Superieur de la Mission de Marseille auoit
bien voulu jnformer Mons. le bailly de Noailles, qui
partit Lundy pour Paris, ou moy pendant qu'jl estoit
absent, de la liberté pretendüe que les Religionnaires
obstinez ont sur les Galeres. L'un ou l'autre auroit
fait leur deuoir, et seroit Entré dans le détail de ce
qui s'y passoit. Mais comme M. le Bailly m'a assuré
de n'en auoir eu aucune connoissance, et que je ne
l'ay sçeu, Monseigneur, que par le lettre dont vous
m'auez honoré, je prendray la liberté de vous dire
quelle a esté la dessus ma conduite.*

*Je fis assembler hier matin tous les aumosniers des
Galeres, en presence du Superieur, pour sçauoir
d'eux quel estoit le nombre des Religionnaires obstinez,
employez aux fonctions de mousses, Tauemiers, ou
Barberots, dont la Liste n'auoit esté auparauant
donnée par le sieur de Monterif ayde major, je leur
demanday ensuitte quelle estoit la liberté que les bas
officiers leur donnoit sur les Galeres. Et quelles jn-
dessences jls comettoient pendant la Messe et l'exer-
cice de la Religion, affin d'y pouuoir remedier, la
pluspart des aumosniers n'eurent aucun sujet de
plainte à porter contre ces malheureux, celuy de la
Valeur jncista sur ce qu'un des obstinez se Couchoit
dans la rougeolle pendant la Messe, celuy de la
forte sur un autre qui estoit mousse de Paillot.
Et le superieur sur plusieurs, que les argouzins laissoient deffrez pendant le jour sur leur galere, sur
quoy j'auois fait mettre aussytost en brancade tous
les dénommez dans le mémoire qui me fut remis de*

---

[1] Cf. Arch. Marine, O. et D. 1699, A M. de Montolieu, 27 mai.

sa part, auec ordre de ne les en tirer, que par ceux que je donneray, y ayant compris le Mousse de la forte, et pour preuenir ceux dont la posture pourroit estre jndessente pendant les Exercices de Religion, j'ay chargé chaque aumonier de prescrire publiquement apres la priere, la manière dont jls doiuent se comporter, apres en estre conuenus, et j'ay fait ordonner aux bas officiers d'y tenir la main et d'en auertir.....

Signé : *Montolieu.*

A Marseille le 3 juin 1699 [1].

La querelle devait reparaître encore en 1701 et 1703, à cause des velléités qu'avait le clergé de vouloir commander sur les galères [2]. M. de Montolieu avait donc raison de protester, dès 1699, contre ces tendances, et de défendre ses droits malgré les récriminations des aumôniers.

M. de Montolieu, 24 juin 1699

Monseigneur,

.... C'est un usage estably, et je n'ay rien jnnoué quand j'ay fait auertir par un ayde major, les aumosniers de se rendre chez moy, tout commandant, depuis plus de 30 années que j'ay l'honneur de seruir dans ce Corps, en a usé de même, persuadé auec raison que ces M[rs] leur estant subordonnés comme le reste des bas officiers des galères, jls ne pouuoient les assembler que de cette manière. La plainte que vous a faitte, Monseigneur, le superieur de la Mission sur un tel procédé, marque assez une pretention opposée, Et fait voir clairement qu'jl voudroient en pietant sur nos droits estre le seul qui peut mouuoir ce corps Eclaisiastique, qui doit estre cependant regardé par

---

[1] Cf. Arch. Marine. *Lettres reçues.* 1699. M. de Montolieu. 3 juin.
[2] Cf. Arch. Marine. *Lettres reçues.* 1701. M. de Viviers, 9 janvier, 4 février; 1703, M. de Vaucresson, 20 avril.

*raport au seruice et au temporel de meme que celuy
des ecriuains du Roy toujours subordonnés à celuy
qui commande....*

Signé : *Montolieu.*

A Marseille le 24ᵉ juin 1699 [1].

Le roi fut obligé de régler une subordination mal
établie, et décida que les aumôniers et les missionnaires dépendraient directement de l'évêque [2]. Cette
décision ne plut pas au P. Boulanger ; c'était méconnaître l'indépendance de la mission. Mais, au fond,
M. de Montolieu aurait pu s'en sentir aussi vexé, et
le plus clair de cette décision est qu'elle constituait
une concession à l'autorité catholique.

Ce ne fut pas la seule. Les missionnaires s'avisè-
rent de retenir les galériens protestants dans les
cachots de l'hôpital pour pouvoir, en toute liberté,
travailler à leur abjuration. Or, cela constituait
un surcroît de dépenses. Le roi le défendit. D'où,
protestation des missionnaires et nouvelle concession du roi qui, après l'avoir interdit, approuve le
6 mai et le 13 mai, qu'on retienne des protestants
dans l'hôpital pour les instruire [3].

Louis XIV, répétons-le, n'était pas un méchant
homme. Il voulait la conversion des religionnaires,
c'est entendu. Il la désirait ardemment dans le but
de donner à la France une seule religion ; et il la désirait d'autant plus qu'il se croyait tenu en échec
par un très petit nombre d'entêtés. Mais il refusait
de les martyriser et renouvelait fréquemment ses
ordres à ce sujet. A la suite d'une plainte faite par
un forçat sur les mauvais traitements qu'il avait
subis, le roi menaça même de faire changer les officiers de la galère [4].

Malheureusement, il ignorait beaucoup de choses.

[1] Cf. Arch. Marine. *Lettres Reçues*, 1699. M. de Montolieu, 24 juin.

[2] Cf. Arch. Marine. O. et D. 1699, passim.

[3] Cf. Arch. Marine. O. et D. 1699 passim : Au sieur de Vaudresson,
6 mai.

[4] Cf. Arch Marine. O et D. 1699, passion ; Au sieur Croisel, 28 janvier.

Il approuvait notamment que l'on obligeât les huguenots à saluer l'hostie pendant la messe, et à s'incliner pendant les cérémonies du culte. (C'est cela, d'ailleurs, qui va motiver la plupart des rigueurs subies.) Mais ce qu'il parut ignorer trop longtemps, et ce que le clergé connaissait bien, c'est le moyen de torture, par excellence, à l'aide duquel on cherchait à réduire les religionnaires : la *bastonnade*.

3. — LA « BASTONNADE »

On se rappelle que chaque galère était partagée en deux parties dans le sens de la longueur, de la poupe à la proue, par une longue caisse servant de passage, appelée : le *coursier*. C'est sur ce coursier que se pratiquait la *bastonnade*.

Le patient est retiré de son banc, dépouillé de ses vêtements, et couché sur le ventre en travers du coursier, les bras pendant, d'un côté, et les jambes, de l'autre. Quatre forçats ou quatre Turcs vigoureux lui tiennent fortement les membres pour qu'il ne puisse remuer. Il présente ainsi son dos tout nu. Sur le coursier, debout, se trouve un Turc spécialement affecté à cet usage, armé d'un nerf de bœuf, d'un gourdin ou d'une corde à nœuds trempée dans du goudron et de l'eau de mer pour la rendre plus dure. Au signal du Comite, ce Turc doit se mettre à frapper sur le dos du patient autant de coups que le réclame sa condamnation.

Voilà sommairement et dans toute sa simplicité en quoi consistait le châtiment le plus terrible des galères. Il n'avait pas nécessité un grand effort d'imagination, et cependant que de malheureux y ont succombé !

La mission du Turc était la principale. Il s'agissait, pour lui, de frapper, et de frapper avec la plus grande violence possible. En insistant sur ce dernier point, nous n'exagérons rien. La preuve en est dans les procédés barbares, la sélection savante, à l'aide desquels on recrutait ces hommes qu'on voulait forts, vigoureux, cruels, inaccessibles à la pitié. On allait les chercher sur les divers marchés d'Asie, d'Afrique, d'Europe, et parmi les prisonniers turcs, pirates endurcis dont il se faisait un commerce très actif. Les plus robustes de ces esclaves étaient cotés très cher. Ils étaient, d'abord, acquis par les Italiens qui les revendaient aux Français pour peupler les galères[1].

Une autre preuve de la sévérité du châtiment se trouve dans la violence même exigée du Turc. On pense qu'il pouvait, si c'était, par impossible, un homme charitable, plus ou moins atténuer la portée de ses coups, et, au besoin, dissimuler, sous une apparence de déploiement de force l'intensité réelle de la blessure faite. Qu'on se détrompe! Il n'y avait pas de fraude possible. Le Turc devait faire des empreintes assez visibles sur le dos du patient, sous peine de subir la bastonnade lui-même. Derrière lui se tenait un comite, armé comme lui d'un bâton ou d'une corde, et, comme le Turc était obligé de se dévêtir jusqu'à la ceinture, le comite le frappait, à son tour, si, d'après lui, les blessures n'étaient pas assez visibles.

Un seul coup faisait une contusion sanglante. Il était bien rare que l'on pût supporter dix ou douze coups sans perdre la parole et le mouvement. Vingt, trente coups était une *bagatelle*. La moyenne des condamnations était de 60, 70, 80. Parfois même on vit des malheureux recevoir 100 et 120 coups; mais, alors, on en revenait rarement : le corps ne formait plus qu'une vaste plaie.

---

[1] Jean Marteilhe (*Mémoires d'un protestant*, p. 256 et suiv.) distingue les Turcs de l'Afrique, notamment ceux du Maroc, d'Alger et de Tripoli, etc., *gens de sac et de corde, fripons, cruels, parjures, traîtres et scélérats au suprême degré*, des Turcs de l'Asie et de l'Europe, notamment ceux de la Bosnie, de la Hongrie, de la Transylvanie, de Constantinople, etc., *très bien faits de corps, blancs et blonds de visage, sages dans leur conduite, zélés à l'observation de leur religion, gens de parole et d'honneur, et surtout charitables au suprême degré.* « J'en ai vu qui donnaient tout l'argent qu'ils avaient, pour acheter un oiseau privé en cage, afin d'avoir le plaisir et la consolation de lui donner la liberté... Ce sont ces gens que les chrétiens nomment *barbares*, et qui, dans leur morale, le sont si peu, qu'ils font honte à ceux qui leur donnent ce nom. »

Il s'agissait ensuite de guérir le malheureux. On le transportait à l'hôpital des forçats ; et on pratiquait les *fomentations*, destinées à prévenir la gangrène. Ces *fomentations* consistaient, soit en esprit de vin et en aromate que l'on appliquait, brûlants, avec des compresses, sur les plaies ; soit en frictions énergiques de vinaigre et de sel. Au contact de la chaleur ou par l'effet des frictions, le sentiment et la vie reprenaient, et, en même temps de cruelles souffrances se faisaient sentir. La mission du médecin était alors terminée ; celle de l'aumônier commençait. Ce dernier venait voir le malade, le pressait de prononcer son abjuration. S'il faisait mine de faiblir, le patient était classé comme *nouveau converti*, et, s'il refusait le prêtre lui laissait entrevoir la perspective d'une nouvelle bastonnade.

A ce sujet, nous relevons dans une lettre à M. de Saint-Benoît, pasteur à Lausanne[1], du 8 janvier 1702, les détails suivants :

« Sans exagération je ne sçaurois vous dire quel me fut le plus sensible ou de la rigueur de mes coups ou de la douceur et de l'onction qui couloit de vos paroles, car comme les plaies qu'on avoit faites à ma chair en portoient encore les marques vivement empreintes, qu'à me voir on eût dit à la lettre qu'une forte charrue m'eût labouré le dos, en trainant le soc sur ma peau toute nüe, aussi vos expressions tendres et compatissantes me furent-elles un beaume très précieux..... Je vous dirai sur la douleur de laquelle on ne peut parler que par expérience, que c'est quelque chose de bien aigu et de bien pénétrant lorsque c'est une grande douleur telle que celle que j'ay sentie. Elle pénètre jusqu'aux os, jusqu'au plus profond du cœur et de l'âme. Ouy l'âme et le cœur sentent si vivement les aiguillons de la douleur du corps, qu'on n'a point de termes pour le pouvoir exprimer..... »

[1] Cette lettre est attribuée à *David Serres*. C'est une erreur ! Nous verrons plus loin qu'elle fut écrite par *Pierre Serres*. Cf. Bull. XXIV p. 447 ; Ant. Court. XI, f° 17.

».... J'arriuai donc le dimanche, 10ᵉ octobre 1700, à l'hôpital avec Grange. Comme l'on me portoit à un lit, et lui à un autre, le P. Leduc se trouua, ou à dessein ou par hazard, auprès du lit où on me mit. Cet impudent, me voyant aussy noir que sa soutane, eut assez d'effronterie que de me demander, comme par ironie, lui qui étoit informé de tout, ce que j'auois, pendant que j'attirois les yeux et la compassion de tout ce qu'il y auoit de gens à l'hôpital, sains ou malades. Je ne répondis mot. « Oh! ne le » voyez-vous pas, monsieur, ce qu'il a », dit hautement un forçat; « ce sont des bastonnades qu'il » a souffertes pour sa religion. » — « Mais qui est » si inhumain de vous auoir fait cela? » reprit le bon Père, « et pourquoi cela? » — « Vous mêmes », lui dis-je alors, « monsieur, et vos bons collègues. » — « Et le pourquoy? » — « Parce que je n'ai pas voulu » faire honneur à vos mystères, à vos Dieux de bois » et d'airain, etc. Ainsy, puisque vous en êtes » l'auteur, ne venez pas joindre vos railleries au » mauuais office que vous m'auez rendü..... » Il blanchit comme ce papier; mais, pour ne pas rester sans réplique, il me dit que ce n'étoit pas lui, et que du reste je deuois leuer le bonnet, et ne pas me moquer de leurs cérémonies et qu'on nous le feroit leuer.....

» ...A propos des fomentations, lorsqu'on me les donna, je ne sentis pas une douleur si viue que je l'aurois crü. quoi que les esprits de vin et les aromates qui entrent dans cette composition fussent chauds à ne pouuoir être soufferts presque un moment dans la main de ceux qui nous appliquoient les estoupades; ce qui étant de la sorte bien chaud pénètre mieux, et rappelle mieux les esprits. C'est ce qui me fait juger que les chairs perdent enfin le sentiment à force d'être meurtries. Et l'on ne doutoit pas que la gangrène ne se fût attachée à mon dos et à mes flancs sans ce rémède qui étoit l'unique. Mais ce que je trouuois de plus incommodant dans ce misérable endroit étoit une fourmilière de consolateurs fâcheux, qui pour adoucir nos plaïes, venoit nous dire d'un

ton d'assurance que dès que nous serions un peu
remis, on deuoit nous renuoyer en galères pour y
acheuer le sacrifice si nous ne voulions pas obéir... »

C'est après la paix de Ryswick (1697) que les missionnaires avaient conçu le projet d'obliger les protestants à saluer les cérémonies du culte catholique.
Et c'est en voyant leur obstination que ces missionnaires avaient décidé de mettre en vigueur les bastonnades. La messe se célébrait sur chaque galère
tous les dimanches, à heure fixe. A ce moment-là,
Tous les forçats devaient enlever leurs bonnets, se
mettre à genoux, et saluer dans l'attitude du respect
le visage tourné vers la poupe, l'hostie bénite. Beaucoup de protestants ne crurent pas mal faire en se
pliant à ces exigences ; d'autres, afin de justifier leur
conduite prétendaient faire leur prière, à l'heure
même de la messe. Quant à ceux qui refusèrent
énergiquement toute concession, il ne faudrait pas
croire que ce fût dans l'intention d'insulter comme
on le leur reprochait, les cérémonies d'un culte qu'ils
ne professaient pas. Ils voulaient uniquement protester, par leur attitude, contre la violence blâmable
faite à leur conscience ; ils refusaient de *participer*
à ces cérémonies, et c'est bien là ce qu'on leur demandait, au même titre que le P. Boulanger lui-même eût
refusé de se prosterner devant le Bouddha. Les missionnaires auraient dû, semble-t-il, apprécier une telle
franchise, plus que les apparentes adorations de
ceux qui se soumettaient. Mais il serait faux de pré-
tendre que ces protestations aient été dans l'intention
des huguenots, et aient été, en réalité, un manque de
respect au culte catholique.

Quoi qu'il en soit, la bastonnade était le pain
quotidien des protestants, et M. de Bombelles était
un partisan convaincu de ce moyen de conversion.
Son zèle le rendait aussi étranger aux scrupules de
conscience qu'aux délicatesses de langage. Le clergé
avait là un bien triste auxiliaire : « chien, disait-il au
huguenot [1], mets toi à genoux quand on dira la messe,

---

[1] Jean Marteilhe, *Mémoires d'un protestant*, p. 347.

et dans cette posture, si tu ne veux pas prier Dieu, prie le diable si tu veux, que nous importe ! »

Un tel, refusant un jour d'ôter son bonnet, fut lié et garrotté à l'un des agrès de la galère, le visage tourné vers la poupe, où le prêtre officiait. On lui ôta alors son bonnet. Mais ce stratagème fut moins souvent employé que la bastonnade. — *Jacques Dufour* supporta 120 coups de corde et cracha le sang, pendant plusieurs jours. — *Elie Maurin*, après chaque coup de corde, répondait à M. de Bombelles, qui le sommait de se rétracter : « La mort ! ». On ne put obtenir rien d'autre de cet obstiné ; et comme il excitait la pitié de tous, même celle du comite, M. de Bombelles ordonnait à ce même comite : « Si vous ne faites frapper, je frapperai moi-même sur vous. » A la longue Elie Maurin eut une faiblesse, et décida de prier Dieu pendant que le prêtre officierait. Mais, comme ses compagnons étaient scandalisés de sa décision, il en écrivit à *Pierre Serres* pour lui demander conseil. Celui-ci lui répondit sèchement : « M. Barré (surnom de Maurin) a eu grand tort de... etc. Faut-il que nous attendions qu'on prie Baal pour prier Dieu ? J'ay receu bastonnade, et je suis prêt de la souffrir jusqu'à la mort plutôt que de leur rien promettre. » — *Musselon*, ayant cédé au cours d'une bastonnade, et ayant promis de lever son bonnet à l'heure de la messe, promesse que d'ailleurs il ne devait pas tenir, eut des remords si violents, qu'il ne put, pendant longtemps, se consoler de sa faiblesse. — D'autres, enfin, loin de redouter aucun supplice, sautaient avec joie sur le coursier où on allait les massacrer, rappelant ceux qui, ailleurs, montaient sur des bûchers en chantant des psaumes, le sourire sur les lèvres.

Mais il est temps de s'arrêter dans ces pénibles détails. Citons en terminant, quelques paroles par lesquelles les galériens protestants ont clos, le 20 décembre 1700, un récit de ces souffrances.

« ...On ne parle ici que des bastonnades données sur le coursier depuis la campagne de 1699 jusqu'au 27 octobre 1700. Si nous racontions les autres qu'on a données cy-devant et les autres mauvais traitements qu'on nous a faits, tant à ceux qu'on a tirés des galères pour les enfermer aux cachots de l'hôpital, de Saint-Nicolas, du fort Saint-Jean et du château d'Y (d'If), où quelques uns sont morts, qu'aux autres qui souffrent encore tous les jours de cruelles choses sur les galères, lesquels on tient actuellement à la chaîne, pendant que les autres forçats et Turcs peuuent aller et venir ; si, dis-je, nous racontions toutes ces choses nous lasserions la patience de ceux qui liroient tant d'inhumanités... MM. les missionnaires, grands moteurs de la machine barbare qu'on fait jouer contre nous, voyant que nous ne pouuons donner notre intérieur à leurs mystères, voudroient extorquer notre extérieur et nous forcer d'adhérer au culte romain par les gestes et postures que tiennent les autres forçats de leur communion, lesquels passent pour bons papistes, pouruen qu'ils lèuent seule ment le bonnet lorsqu'ils officient à poupe... En nous tourmentant de la sorte, on fait bien voir où est le pur antichristianisme duquel nous ne saurions nous éloigner auec trop de précaution... On viole les lois de la justice..., on renuerse les maximes de l'Euangile qui ne respire que douceur...

» .... Que MM. les missionnaires aillent dire après cela qu'on ne violente personne, que ce qu'on dit des inhumanités qu'on nous fait est supposé, et que nous ne sommes pas plus maltraitez que les autres forçats, comme on l'a voulu faire croire. Si on ne veut pas s'en tenir au témoignage de 300 forçats ou enuiron qu'il y a sur chaque galère, qui ont été les spectateurs de ces cruautés, le sang qui a coulé sur le coursier est un témoin irréprochable.... Qu'on feuillette le rôle de l'apoticaire de l'hôpital et on trouuera qu'il a donné tant de remèdes à nos frères meurtris, que M. le médecin a dit qu'il ne sauoit de quoi leur faire donner dauantage. Que ces mêmes missionnaires n'ajoutent pas le mensonge à la fureur, comme ils sauent faire ; qu'ils n'aillent pas prôner que tous les religionnaires des galères ont rendu hommage à leur culte. Les fidèles que nous marquons ici fermes et constants, outre tant d'autres, font bien voir le contraire, grâce à Dieu. Et du reste qu'ils ne se glorifient pas de la faiblesse de ceux qui ont promis de leuer le bonnet ; cela ne fait rien en faueur de la religion romaine. Nos frères ont protesté qu'ils n'adhèreroient jamais au culte papiste et qu'ils ne disoient cet *oui* de leuer le bonnet que par contrainte et sous la pesanteur des coups, ne sentant pas assez de forces pour résister à ces bastonnades qui font frémir d'y penser seulement, plus terribles que la gêne ou question qui a une fin, au lieu qu'après auoir bastonné un pauure corps jusqu'à ce qu'il n'en puisse plus, on lui dit encore : Ce n'est qu'à recommencer, à demain !.... »

Signé : *Patonnier, Bancillon, Grange, Valette, Damouyn, Cazalé, Musseton, Jean Espaze, Sabatier, Ruland, Peraud, Allin, Garnier, Pelecuer, Damouine, Serres le jeune* [1].

Tout l'odieux de pareils traitements révolte. Il n'y eut pourtant, à notre connaissance, aucun remords exprimé, soit par l'Intendant général, soit par le clergé. Si l'on a reconnu, dans une lettre au ministre, que ces cruautés dépassaient la mesure, ce n'était point par compassion, mais uniquement parce que « la constance des forçats bâtonnés confirmait les autres et ébranlait les nouveaux convertis. » Quelqu'un fut ému quand il apprit ces détails ; ce ne fut point un officier, ni un intendant, ni un évêque, ni un missionnaire. Ce fut Louis XIV lui-même. Mis en éveil par les constatations de l'intendant et du P. Boulanger, il défendit de maltraiter les religionnaires et adressa des reproches au supérieur [2]. Le 8 décembre 1700, après avoir pris connaissance d'un mémoire, imprimé en Hollande, sur les traitements infligés aux galériens protestants de Marseille, il ordonna des enquêtes, bien qu'il fût peu disposé à donner créance

<hr/>

[1] Tous les renseignements qui précèdent proviennent : soit de Bull. XII, p. 241 ; *Journal des Galères*, XVIII, p. 231-245, 368-377 ; soit de Jean Marteilhe, *Mémoires d'un protestant*, passim ; soit encore de Jean Bion, *Relation des tourments*, passim.

[2] Cf. Bull. XXXVIII, p. 146, note 1 ; — Ant. Court. XI, f° 272.

à des rapports hollandais [1]. Les résultats durent en être singulièrement concluants ; car le 26 janvier 1701, il interdit sévèrement de maltraiter les religionnaires, blàma vertement les aumôniers qui s'étaient fait détester par leur cruauté, alors qu'ils auraient dû user de charité [2], et finalement, il se décida à retirer son emploi au P. Boulanger, qui fut envoyé en disgrâce à Lyon [3].

Louis XIV avait toujours observé une semblable attitude. La conversion des huguenots, qu'il souhaitait avec tant d'ardeur pour l'unification religieuse de son royaume, il la voulait sans faiblesse, mais aussi sans cruautés inutiles. Plus que jamais ici, on voit que le grand Roi, malgré tout ce qu'on a pu lui reprocher par ailleurs, n'était ni un fanatique, ni un homme cruel. Malheureusement, il résidait à Versailles, à Paris, à Fontainebleau, non à Marseille. Ses ordres furent exécutés pendant quelques mois. A la fin de 1701, on recommença les bastonnades.

4. — RÉSISTER. 1700

Que devenaient, pendant ces sombres années, les trois frères Serres ? Leur attitude était toujours celle de religionnaires obstinés. Ils ne se contentaient même pas de se tenir sur la défensive. Ils répondaient aux coups en proclamant à tous, par leurs lettres, par leurs paroles, par leur exemple, la résistance à outrance. *David Serres*, pour son éloquence, fut transféré de l'hôpital des forçats, où il était emprisonné depuis quatre ans, dans la citadelle Saint-Nicolas.

Au sieur Croizet, 20 janvier 1700

.... L'intention du Roy est que le nommé de Serre qui est dans les prisons de l'hospital des chiourmes

[1] Cf. Arch. Marine. O et D. 1700. A M. de Montmort, 27 oct., 8 déc. ; — A M. le b. de Noailles, 27 oct.
[2] Cf. Arch. Marine. O. et D. 1701. A M. de Montmort, 26 janvier.
[3] Cf. Ant. Court. xi, f° 272.

et qui s'estoit érigé en prédicant soit enfermé dans la citadelle de Marseille et vouz en trouuerez ci-joint l'ordre.

A cet avis était joint, en effet, un *Ordre du Roy du 20 januier 1700 à M. de Menonuille pour luy dire de receuoir dans la Citadelle de Marseille le nommé De Serre, forçat*[1]. Cette citadelle Saint-Nicolas était presque un tombeau. Aussi aurons-nous désormais peu de renseignements sur la vie monotone et triste du prisonnier.

Pierre Serres conçut, à cette époque, le difficile projet d'émouvoir l'intendant. Il rédigea une admirable supplique, à l'occasion des bastonnades pour refus de saluer l'hostie[2], et la fit passer à l'Intendant. Le résultat immédiat fut un redoublement de rigueurs envers les protestants. Louis XIV, mis au courant de sa hardiesse, fit menacer Pierre Serres et son frère Jean.

Au sieur Croiset, 10 feurier 1700.

J'ay leu au Roy ce que vous m'escriuez sur les plaintes faites au nom des forçats religionnaires des mauuais traitements qu'jls reçoiuent, l'jntention de sa Majesté et que vous expliquiez au nommé Deserre qui est l'autheur que s'jl se mesle encore d'en faire de pareilles et s'jl ne se conduit pas auec plus de circonspection et de sagesse, il en sera puni seuerement et de mesme que son frere au moins...[3]

Mais que pouvaient des menaces contre des obstinés pareils, qui répondaient à la célébration de la messe par des « assemblées protestantes faites sur les galères » et par un redoublement de zèle en vue de convaincre les hésitants ?[4] On avait beau les menacer, les enchaîner[5].

[1] Cf. Arch. Marine. O. et D. 1700. Au sieur Croiset. 20 janvier.
[2] Cf. Bull. xxxviii, p. 146, note 1 ; — *Hist. des souffr. d'I.* Le Fèvre, p. 177 ; Arch. Marine. O. et D. 1700. Au sieur Croiset. 10 fév.
[3] Cf. Arch. Marine. O. et D. 1700. Au sieur Croiset, 10 fév.
[4] Cf. Arch. Marine. O. et D. 1700. Au sieur Croiset, 24 mars.
[5] Cf. Bull. *Journal des Galères*, xviii, p. 234. Arch. Marine. O. et D. A M. de Montmort, 29 sept.

Nous avons vu[1] que la bastonnade subie par *Pierre Serres*, le 9 octobre 1700, n'avait pu avoir raison de lui.

Une question se pose ici. Est-ce bien *Pierre Serres* qui a reçu cette bastonnade du 9 octobre 1700 ? Deux lettres, l'une attribuée à *David* Serres (à M. de Saint-Benoît) et datée du 8 janvier 1702[2], l'autre écrite par *Pierre* Serres (à M. de la Bridonnière) et datée du 1ᵉʳ octobre 1708[3], donnent comme la victime de ce châtiment : la 1ᵐ *David* ; la 2ᵉ *Pierre*. En d'autres termes, David, d'une part, Pierre de l'autre, s'attribuent les mêmes coups, ressentis au même moment, dans des circonstances identiques. Car il n'y a pas à douter que nous ne soyons en présence de deux relations du même fait. Les détails sont les mêmes ; les expressions se ressemblent. C'est *le 9 octobre 1700* que fut donnée cette bastonnade. Le lendemain, *un dimanche*, le patient fut transporté à l'hôpital. Il était *avec Grange. Le P. le Duc* vint le voir ; Serres ne lui fit *aucune réponse*. Ces deux lettres ont certainement été écrites par le même individu qui raconte avec autant d'exactitude en 1708 qu'en 1702, des souffrances inoubliables. De part et d'autre, c'est senti, c'est vécu.

Il s'agit certainement de *Pierre Serres*. La lettre de 1708 est incontestablement écrite par lui. Elle est signée : *Serres l'ayné* et contresignée : *Serres le june*. Celle de 1702 est, certainement à tort, attribuée à David. Elle est signée insuffisamment *Serres*. Et l'auteur y dit : *du Besson et moi*. Or *Besson* était un surnom de David. De plus la bastonnade en question fut donnée sur une galère. Or, le 9 octobre 1700, Pierre était encore en galère ; David était, depuis quatre ans, prisonnier, et depuis huit mois, enfermé dans la Citadelle Saint-Nicolas.

C'est donc bien *Pierre Serres* qui reçut le châtiment. Comme il était soigné à l'hôpital, son plus

[1] Cf. ci-dessus, p. 87.
[2] Cf. Bull. xxiv, p. 447.
[3] Cf. Ant. Court, xi, f° 272.

jeune frère, Jean vint le voir, à son retour d'une
expédition avec Bancilhon et Sabatier sur une flotille
de 10 galères, commandées par le bailly de Noailles[1].
Et tandis que son frère pleurait, Pierre le consolait
de son mieux et l'encourageait à s'armer de toute son
énergie en prévision d'une semblable épreuve[2].

Ce châtiment parut insuffisant ; il l'était en réalité,
car il n'avait pas ébranlé la fermeté de Pierre Serres.
A peine guéri, frustré de ses papiers et de ses livres,
on l'enferma dans les cachots du château d'If.

A M. de Montmort, Fontainebleau le 20 octobre 1700.

*J'ay leu au Roy tout ce que vous m'escriviez au
sujet des nommez Carriere et Serre Religionnaires
zelez et qui se font une application de maintenir les
autres dans leurs erreurs, Sa Majesté a estimé a
propos de les faire enfermer dans le chasteau d'If
ou Elle veut qu'jls soient traittez avec la severité
qu'jls meritent, vous trouverez cy joint ses ordres
pour les y faire conduire et recevoir que vous execu-
terez.*

*Vous aurez aussi soin de faire brûler tous les li-
ures et exhortations qu'on a trouvé et pour la liste
apostillée des Religionnaires qu'avoit Serre vous la
garderez, elle vous aidera peut être dans la suitte a
descouvrir les moïens dont on se sert pour faire passer à ces Religionnaires l'argent et les secours qu'jls
reçoivent. J'escriray a M. le b. de Noailles sur la
conduitte qu'on tient avec quelques uns d'eux qu'on
maltraite trop fréquemment[3].*

On voit que dans ses ordres les plus sévères, Louis
XIV sait glisser quelques mots pour interdire des
mauvais traitements.

Au sieur Boulenger, à Fontainebleau 17 octobre 1700.

*Le Roy a donné ordre de faire enfermer dans le
chasteau d'If les nommez Carriere et Serre, Religion-*

[1] Cf. Bull. *Journal des Galères*, XVIII, p. 135.
[2] Cf. Ant. Court, XI f° 272.
[3] Cf. Arch. Marine. O. et D. 1700. A M. de Montmort, 20 octobre.

naires dangereux et opiniastres qui se mesloient d'exciter les autres a persister dans leurs erreurs et je
mande à M. le b. de Noailles de deffendre les punitions fréquentes des Religionnaires lorsqu'ils ne com-
mettent que de légeres fautes... [1]

Louis XIV semble bien avoir entendu parler de la
terrible bastonnade reçue par Pierre Serres. Car c'est
à partir de ce mois d'octobre qu'il interdit, par les
défenses les plus expresses, de maltraiter les galériens protestants[2], et c'est dans cette dernière lettre
au P. Boulanger qui l'admoneste si fermement contre la vivacité de son zèle.

Dans son cachot du château d'If, Pierre Serres
pouvait s'entretenir, quoique difficilement, avec deux
de ses compagnons : *Carrière* et *Monnier*. En bon
serviteur de Sa Majesté, le gouverneur, M. de Pilles,
informa le roi de cette intolérable situation. Louis
XIV n'est pas méchant. Sans doute, *il n'y a pas d'autres endroits* pour enfermer les prisonniers. Et cependant il en eût trouvé, le roi, des endroits plus
isolés, s'il avait eu le fanatisme de ses mandataires.

A M. de Pilles, 10 nouembre 1700.

M.

*J'ay receu la lettre que vous m'auez escrite le 29 du
mois passé pour m'jnformer que les nommez Carriere
et Serre ont esté conduits dans le Chasteau d'If, la
conuersation qu'jls peuuent auoir auec le nommé Mos-
nier autre forçat Religionnaire qui y est depuis 3 ans
n'est point assez commode pour meriter attention puisque d'ailleurs jl n'y a point d'autre endroit dans ce chasteau ou on puisse le mettre quoyque le Roy ait deffendu
de les laisser parler a personne Sa Majesté n'a point
entendu y comprendre l'aumosnier du chasteau ou
ceux des Religieux qui visitent les prisonniers, jls sont*

<hr/>

[1] Cf. Arch. Marine. O. et D. 1700. Au sieur Boulanger, 27 octobre.
[2] Cf. Ibidem, M. de Montmort, 20 oct., 27 oct., 8 déc.; A M. de Noailles,
27 oct. etc.

assez habiles pour faire connoistre à ceux là leurs erreurs vous pouuez de tems en tems les laisser entrer dans les lieux ou jls sont et s'jls paroissent uouloir estre jnstruits vous en auertirez M. de Montmort qui enuoyera des Missionnaires accoutumes à la controuerse et à pratiquer auec des Religionnaires opiniastres.

Je suis, etc. [1]

L'année 1701 fut une période relativement calme. Toutefois *Jean Serres* n'était pas oublié. Son nom sonnait mal aux oreilles de ses chefs. Le 11 avril parut un ordre de la Cour, prescrivant la liberté de certains forçats encore au bagne, bien qu'ayant dépassé le temps fixé par leur condamnation. Par mégarde, car le roi, ne grâciait un religionnaire obstiné, le nom de Jean Serres se trouvait sur la liste. Cette erreur fut tout de suite réparée à Marseille. Jean Serres resta sur les galères [2].

5. — 1702

En 1702, *David Serres*, qui reçut au fort Saint-Nicolas par deux fois la visite de son plus jeune frère [3], se trouvait avec un compagnon de chaînes, *de Lensonnière*, dans un cachot entièrement privé de jour, situé à 17 ou 18 pieds (5 ou 6 mètres) au-dessous du sol, où il y était assez gravement malade. L'endroit était d'une tristesse lamentable. Ses habits pourrissaient sur lui. L'air était vicié et corrompu. Le médecin de l'hôpital, étant venu le voir, en compagnie du major des galères, ne put s'empêcher de demander comment un homme pouvait vivre dans cet endroit pendant une seule année. Comme David Serres se plaignait à lui de ses maux de dents, si violents qu'il avait dû s'en faire arracher cinq, le médecin lui répondit qu'il y perdrait non seulement

[1] Cf. Arch. Marine, O. et D. 1700. A M. de Pilles, 10 nov. 1700.
[2] Cf. Bull. *Journal des Galères*, xviii, p. 476.
[3] Cf. Bull. xv, 485; xviii, 477; et Aut. Curt. xi f° 1321.

ses dents, mais aussi la cervelle. C'est ce qui arriva d'ailleurs pour un *M. Del*..... (de Lensonnière, sans doute). D'autres devinrent tout à fait fous.

« Il faut avouer, écrivait David Serres, que ces
» grottes sont terribles, et à moins que d'être sou-
» tenu et fortifié d'une façon particulière par la bonté
» miséricordieuse de Dieu, il ne seroit presque pas
» possible qu'on ne perdît bientôt le sens dans un
» lieu comme celui-ci. Nos grottes sont présente-
» ment beaucoup plus obscures et plus affreuses
» qu'elles ne l'étoient du tems que notre bon
» frère, le sieur Ragatz, y étoit enfermé. La raison
» de cela est qu'on auroit écrit à M. de Lensonnière,
» quelques mois après qu'il fut ici, et qui fut mal-
» heureusement surpris : ce billet, dis-je, donna
» occasion à nos supérieurs de faire resserrer les
» grilles des pertuis qui donnent de l'air à ces basses
» fosses, du côté de la basse-cour, et de faire mettre
» sur la bouche des mêmes pertuis au-dedans des
» cachots, des plaques de fer percées en forme
» de crible, dont les trous sont extrèmement
» petits, de sorte que nous ne recevons plus, au
» travers de ces grilles et de ces plaques, que quel-
» ques très foibles rayons d'une lumière réfléchie et
» fort peu agréable. Je suis même celui qui en
» reçoit le moins, parce que mon soupirail n'a
» qu'une seule barre ouverte du côté de la basse-
» cour. La lumière ne s'y introduit que par deux
» fentes si étroites qu'on n'y sauroit seulement
» passer le bout du petit doigt. Aussi est-il vrai que
» je ne sçaurois ni lire ni écrire, ni faire quelque
» autre chose semblable, à moins d'avoir une lampe
» allumée ; et comme la citerne répond précisément
» au fond de la caverne où je suis, cela la rend ex-
» trêmement humide[1]..... »

Dans une lettre datée du 31 octobre 1702, David Serres ajoute que la chaleur est étouffante, qu'on a peine à respirer et qu'il est au régime du pain noir,

---

[1] Cf. Bull. *Journal des Galères*, XVIII. p. 477-479. Lettre ; David Serres, 1er Juillet 1702.

de l'eau et des fèves[1]. M. de Ménonville, commandant du fort, vint l'engager à se tirer de sa situation :
« Il y a dix-sept ans que ma résolution est prise, lui
» répondit David, d'attendre patiemment la volonté
» du Seigneur et de souffrir toutes choses plutôt
» que d'abandonner ma religion. » Le commandant
le traita d'opiniâtre et d'entêté, puis il s'extasia sur
la propreté du cachot. « Voyons votre cachot s'il est
» bien propre ! — Je pris le capotin qui m'avait
» été envoyé l'année passée, et l'ayant déplié, je lui
» montrai les grandes brèches que la pourriture y
» avait déjà faites, en lui disant : — Voyez, mon-
» sieur, comment mon cachot est propre : et com-
» ment il accommode mes hardes. — Ce monsieur
» ayant avancé sa main pour toucher ledit capotin,
» et l'ayant trouvé pourri, se contenta de dire : —
» Voilà qui est gâté. Vous avez besoin d'en avoir un
» autre. — Voilà toute la consolation qu'il me
» donna[2]. »

La situation de Pierre Serres n'était pas plus gaie.
Le *Château d'If* était bâti sur une petite île du même
nom, située, à trois milles, en mer, de Marseille, et
à une lieue de la côte. Deux autres îles en dépen-
daient : L'une, *Pomègue* avait une tour ; l'autre,
Ratonneau, un petit château à l'antique pont-levis.
C'était au fond de la *tour de Pomègue* que se trouvait
Pierre Serres[3].

1896 avait vu l'emprisonnement de David Serres ;
1700, celui de Pierre. 1702 vit celui de Jean. Le
2 avril, il était sur la *Grande Réale*[4]. Le 12 avril, le
19 avril, il y était encore[5]. Mais déjà l'attention avait
été attirée sur lui. Il avait pour ami *Isaac le Fèvre*,
auteur de méditations très appréciées par les galériens, et d'une traduction inachevée des Psaumes.
Tandis que son ami, très gravement malade, était à

[1] Cf. Bull. xviii, 482, *Journal des Galères.*
[2] Cf. Bull. *Journal des Galères*, xviii, 483.
[3] Cf. Ant. Court. XI, f° 290.
[4] Cf. Ant. Court. I, 2 Avril 1702.
[5] Cf. Ant. Court. XI, f** 29, 31, 37.

l'hôpital où il devait expirer le 13 Juin 1702, Jean Serres voulut conserver ses œuvres et les faire transporter de l'hôpital sur sa galère. Il fit faire une caisse et une table qu'il envoya à l'hôpital. On trouva moyen d'y loger des papiers de toute sorte et des livres si parfaitement dissimulés qu'il eût été bien difficile de les découvrir. Malheureusement des billets adressés par Jean Serres à Le Fèvre furent interceptés et remis au gouverneur. L'un et l'autre furent fouillés. M. *Le Jeune* fut reconnu comme le frère cadet de Pierre et de David Serres[1].

La visite des papiers saisis n'avait amené cependant aucune accusation grave qui pût motiver une punition sévère. La belle affaire! On inventa des raisons. *Jean Serres allait chez une dame de la ville recevoir des secours; il tenait des assemblées dans la ville.* L'imagination des accusateurs put même ne pas s'en tenir là. Le 4 octobre 1702, il fut arrêté par ordre de l'Intendant, M. de Montmort, et enfermé à l'hôpital royal des forçats, dans le cachot même où son frère David avait été emprisonné pendant quatre ans avant son transfert au fort Saint-Nicolas. Enchaîné près de la muraille, il avait le plaisir de contempler sa porte toujours ouverte. Une grande fenêtre, située au-dessus du cachot donnait beaucoup de jour; et de même que David Serres pouvait s'entretenir avec *de Lensonnière*; Pierre Serres, avec l'un des frères *Carrière* et *Monnier*; Jean Serres pouvait s'entretenir avec l'aîné des *Carrière* et *Elie Maurin*[2].

Les trois frères Serres, après avoir été trois galériens, n'étaient plus que trois prisonniers, nourris avec du pain noir, de l'eau et des fèves, et cherchant, avec les quelques ressources qui pouvaient encore leur parvenir, à conserver le peu de santé qui leur restait.

---

[1] Cf. Bull, *Journal des Galères*, XVIII, p. 582-583.
[2] Cf. Bull. *Journal des Galères*, XVIII, 582-583; — Ant. Court. XI, f· 39, et Lettre du 6 nov. 1702.

CHAPITRE VI

Les frères Serres, prisonniers

1703-1714

I. — Changement

Aussi longtemps que les trois frères Serres se sont trouvés sur les galères, en compagnie de gens libres, capables, par bonté ou par intérêt, de leur rendre des services, de porter leur correspondance, de leur procurer même certains moments de liberté, nous avons entendu parler d'eux. Aussi longtemps qu'il y en eut un seul des trois sur les galères, celui-là put donner signe de vie et parler de lui et de ses frères. Mais à partir de 1703 leur condition fut bien changée. Ce n'étaient plus des galériens actifs; c'étaient des prisonniers immobilisés. Et quels prisonniers! L'hôpital des forçats, le château d'If, et surtout le fort Saint-Nicolas étaient presque des tombeaux. Privés de tout, s'ils avaient conservé un peu de santé et l'usage de la parole, comment auraient-ils pu écrire? Ils l'ont fait pourtant. A quelques rares occasions ils ont donné de leurs nouvelles; et ce n'est pas la moindre invention de leur ruse de vieux détenus. Toutefois, c'est surtout par la correspondance du Ministre de la Marine et des Intendants que nous pourrons avoir quelques détails sur leur existence.

De 1704 à 1706, l'attention des Intendants fut spécialement attirée sur les forçats protestants, par trois individus nommés : *Coulange, Bellin* et *Julien.*

2. — Coulange et Bellin.

Coulange était originaire de Bordeaux, où son père était *intéressé aux fermes du Roy*. Il avait été arrêté, en mars 1698, avec une bande de filous et avait révélé des détails sur les religionnaires du Poitou et leurs assemblées. Condamné aux galères, la même année, malgré ses révélations (?), il fut l'objet de démarches faites par son père en vue de lui éviter l'ignominie de sa condamnation, et c'est par faveur spéciale que le roi consentit à lui épargner les galères pour le faire enfermer dans le château d'If[1].

Ce n'est qu'en 1704 que nous le voyons paraître en scène. Il fut affecté, au mois de mai d'une maladie, apparemment simulée, car, après avoir été retiré du château d'If, et après un séjour de deux mois à l'hôpital, lorsque le roi ordonna son retour dans son cachot primitif, il se mit à faire des révélations sensationnelles, qui eurent pour résultat une prolongation de son séjour à l'hôpital. Son complice, *Bellin* déclara, à cette époque, que Coulange entretenait des relations avec les religionnaires. Tous les deux furent interrogés et firent les extraordinaires dépositions suivantes :

Une vaste entreprise de forçats protestants était organisée avec la complicité d'un ministre, nommé *Duquesne*, caché à Marseille ; *son fils*, assez peu discret pour révéler à Bellin tous ces détails ; et deux femmes nommées *Louvet* et *Simonnes*, trésorières des huguenots. L'argent venait de l'étranger, par l'entremise du nommé *Solicoffre* ; d'*un anglais*, logé chez ce dernier ; et d'*un jeune homme*, chargé de la correspondance avec les galériens. *Deux Gènevois* étaient aussi fortement soupçonnés de relations louches avec ces gens-là.

Grâce à Bellin et Coulange, on était prévenu

[1] Cf. Archives. *Registres du secrétariat* 1698. A M. d'Ableiges, 25 Mars ; Au procureur-général du Parlement de Bordeaux, 3 nov. ; A M. de Pilles, 3 nov.

qu'il y avait à Paris, « rue de la Huchette, à l'image de Saint Thomas, maison qui fait le coin de la rûe », un *oublieux*[1], ayant trouvé la composition d'*un poison*, dont il devait expérimenter sous peu les effets, et qui était dissimulé dans une espèce de petite armoire cachée sous l'escalier de sa maison. Bellin avait en hâte fait partir son frère, valet de chambre d'un officier, pour reconnaître l'endroit et les criminels et en informer le chancelier.

Quant aux religionnaires eux-mêmes, il s'agissait surtout des nommés *de Serre*, gens qui « répandoient l'argent », « se payoient des liurées » et « faisoient bonne chère dans leur prison[2] ».

Toutes ces accusations étaient assez bizarres pour mériter qu'on les mît en doute. Elles venaient surtout d'un individu, Coulange, qui ne possédait pas l'estime de beaucoup de personnes. Toutefois la précision avec laquelle ces accusations avaient été rapportées au roi, poussa ce dernier à donner l'ordre de vérifier les faits, de visiter *Pierre Serres*, et, au besoin, de le transférer dans la citadelle; enfin d'arrêter le plus tôt possible le ministre Duquesne, son fils et les femmes Louvet et Simonnes.

Mais si Louis XIV était pressé d'agir pour ne pas manquer ces arrestations, et s'il renouvela à diverses personnes ses ordres, à ce sujet, Coulange, lui, n'était pas pressé. Son hésitation à fournir des renseignements qu'on lui demandait fit d'autant plus concevoir des doutes sérieux sur ses déclarations, que ses détails touchant l'*oublieux* empoisonneur de Paris venaient d'être reconnus faux.

A M. de Montmort. A Versailles, le 20 Aoust 1704.

..... Le retardement qu'apporte le nommé Coulange forçat à vous indiquer les demeures du ministre qu'jl a dit estre dans Marseille et des nom-

---

[1] *Oublieux* ou *oublieur*, nom donné jadis à des garçons pâtissiers qui sortaient entre 8 h. et 9 h. du soir en criant des *oublies* (sorte de pâtisserie légère).

[2] Cf. Arch. Marine O. et D. 1704. A M. de Montmort, 7 mai, 2 juillet, 13 août : A M. d'Argenson, 6 août.

mées Louuet et Simonnes qu'jl prétend estre les tré-
sorieres des religionnaires rend sa découuerte fort
suspecte et j'y suis confirmé par la fausseté des jndi-
cations qu'jl vous a donné sur l'oublieux empoison-
neur de Paris ainsy que vous le verrez par la copie de
la lettre de M. Dargenson qui est cy-jointe, vous
deuez le presser de mettre fin a ses delays. Mais je
ne puis m'empescher de vous repeter qu'jl y a beau-
coup de faits que vous pouuez vériffiez aysement tels
que tout ce qui regarde la conduitte du nommé de
Serre dans le Chateau d'If et la nommée Louuet.
J'attenday vostre response sur ce sujet et vous recom-
mande sur tout d'auoir attention a ce que sa décou-
uerte ne luy fournisse point d'occasion de se sauuer,
ou de former quelque nouuelle jntrigue auec des reli-
gionnaires[1].....

Le mois d'août passa et Coulange ne parlait toujours pas. Ne sachant plus que dire sur les frères
Serres, il lia conversation avec un autre forçat protestant malade à l'hôpital, le baron de *Salgas*[2]. Ce
dernier fut surveillé, à son tour. Tous les religionnaires furent étroitement surveillés. Mais le ministre Duquesne, son fils et les femmes Louvet et
Simonnes, l'anglais, le jeune homme, les deux Ge-
nevois, tous ces gens-là demeuraient introuvables.
Quant aux frères Serres, Coulange n'en parlait plus.
Le roi comprit que les accusations de cet individu
étaient fausses, et avait uniquement pour but d'obtenir sa liberté[3]. Toutefois un doute planait encore
dans l'esprit de Louis XIV, et ce sont les religionnaires qui en supportèrent les conséquences.

En fait d'intrigues, que découvrit-on? Des lettres
reçues de *M. de Calandrin*, pasteur à Genève.
N'était-on pas habitué d'ailleurs, depuis les affaires
de 1696, à des surprises de ce genre? C'est cependant le cas de dire que Louis XIV en fit *une affaire*
d'Etat, par les ordres qu'il donna à l'ambassadeur de
Suisse :

[1] Cf. Arch. Marine. O. et D. 1704. A M. de Montmort. 20 août.
[2] Cf. Arch. Marine. O. et D. 1704. A M. de Montmort. 27 août.
[3] Cf. Arch. Marine. O et D. 1704. A M. de Montmort. 3 septembre.

A M. de la Clozière. A Marly le 10ᵉ septembre 1704.

Monsieur,

On a descouuert par les dispositions de plusieurs forçats religionnaires, que le sieur Calandrin ministre a Geneue, est en relation continuelle auec Eux, et qu'jl leur Escrit tres souuent pour les Exhorter à perseuerèr dans leur desobeissance a empescher que ceux d'entre eux qu'ils appellent foibles ne rentrent dans leur debuoir et d'offrir des pensions assez fortes a quelques uns qui ont fait abjuration pour les engager à se retracter. Il leur enuoye des secours d'argent qu'jl distribüe tous les jours suiuant les classes dans lesquelles chacun est marqué, et jl leur en promet de plus considerables. Le Roy m'a commandé de vous en faire part et de vous escrire que son intention et que vous fassiez des plaintes au Senat de ce procédé qui tend a maintenir ses sujets dans la desobeissance et le desordre, et que vous demandiez qu'jl donne des ordres si precis a ce ministre et a tous les autres qu'aucun d'eux ne se mesle de continüer ce mauuais commerce, vous prendrez la peine de m'jnformer du succès de vos jnstances. Je s. s, etc. [1]

Il y eut aussi une arrestation, celle d'un nommé *Rimbaud*, d'Aix, soupçonné de correspondance avec les galériens protestants. Le zèle de M. de Montmort l'avait poussé à ordonner cette arrestation sans attendre les ordres du roi, chose que le roi sanctionna ; mais aussi à mettre Rimbaud aux fers, sans l'entendre, chose que le roi, homme juste, sans passion religieuse, sans haine, désapprouva le 4 octobre 1704. Rimbaud fut relaché le 15 avril 1705 [2].

Le temps passait cependant et les forçats protestants n'étaient coupables d'aucun crime. A force de ruse et de perquisition. on finit par saisir un *lapidaire*, auquel on reprocha d'être Suisse et qui se

---

[1] Cf. Arch. Marine. O. et D. 1704. A M. de la Clozière. 10 sep.

[2] Cf. Arch. Marine. O. et D. 1704, A M. de Montmort. 17 sept. 8 oct. ; 1705. Au même. 15 avril.

trouva être auvergnat. Cet homme n'avait point eu
de rapports avec les inculpés[1]. Quant au ministre Duquesne, son fils, les femmes Louvet et Simonnes, etc,
c'étaient des êtres fictifs n'existant que dans l'imagination des deux compères[2].

Coulange, impuni, était soigné comme malade à
l'hôpital des forçats. Et croirait-on que, par 5 fois,
le roi dut ordonner à M. de Montmort de faire enfermer cet « ignoble fripon du quel vous ne debuez
» attendre aucune sorte de vérité ny de bien, ce mal-
» heureux capable de tout, qu'il faut retrancher de la
» société ciuile et qui méritoit une peine plus se-
» uere?[3] » Cet excellent M. de Montmort demandait
de l'indulgence pour cet individu. Il est probable
qu'il se décida à exécuter l'ordre, 5 fois répété, de
Louis XIV. Nous n'en jurerions pas. Coulange était
à l'hôpital le 15 juin 1707. Ce jour là et le 13 juillet
suivant Louis XIV dût renouveler son désir de savoir
Coulange au château d'Yf[4]. Il est à croire cependant
qu'un jour ou l'autre, ce désir royal fut réalisé, car le
13 septembre 1713, Coulange était enfin prisonnier
au château d'If[5].

Quant à Bellin, l'inanité des accusations qu'il avait,
lui aussi, lancées contre les frères Serres, fut rapidement reconnue. Les deux compères visaient le même
but : leur liberté. Ils échouèrent tous les deux. Bellin « aussy grand menteur que Coullange », fut extrait de l'hôpital et enchaîné sur sa galère [6].

Les victimes de ces machinations furent les forçats
protestants et en général tous les gens qui étaient en
relation avec les prisonniers du château d'If. Faussement accusés des crimes les plus graves, ils auraient dû, semble-t-il, recevoir quelque compensa-

[1] Cf. Arch. Marine. O. et D. 1704. A. M. de Montmort. 1er oct.
[2] cf. Arch. Marine. O. et D. 1704. A. M. de Montmort. 5 nov.
[3] Cf. Ibidem. Au même 1704, 17 sept., 24 sept., 1er oct., 8 oct., 5 nov.
[4] Cf. Arch. Marine. O. et D. 1707. Ordre du 15 juin ; A M. de Montmort, 13 juillet.
[5] Cf. Arch. Marine. O. et D. 1713. A M. Dargenson. 13 sept.
[6] Cf. Arch. Marine. O. et D. 1705. A M. de Montmort. 21 janv. ; A M. Le Vasseur, 4 février.

tion. On redoubla de vigilance à leur égard. Tous les galériens protestants furent enchaînés ; la surveillance la plus sévère fut exercée envers : *Solicoffre*, le fameux Suisse, qui aurait dû être chassé de Marseille ; *Maurin*, forçat ; *Roques*, individu libre, reconnu, peu après, comme faussement soupçonné. *Bancilhon*, le plus sévèrement traité, fut enfermé dans les cachots du château d'If par ordre du 27 mai 1705[1].

3. — JULIEN.

Quelques mois après ces événements, un forçat nègre, nommé *Julien*, se prétendant *roi du Congo* ou *fils du roi du Congo*, condamné pour vol et emprisonné à l'hôpital, et qui avait déjà attiré l'attention sur lui[2], se déferra, tua ou blessa ses gardiens et fit un feu de joie avec plusieurs paillasses de lit. Sans l'intervention d'un forçat protestant, *Pierre Maillet*, aidé de quelques autres, parmi lesquels *Élie Maurin*, le feu incendiait tout l'hôpital[3]. Julien avait mis un mois à limer ses chaînes avec un couteau, sans que personne s'en fût aperçu[4].

Ce sont encore les forçats protestants qui supportèrent les conséquences de cette folie. *Estienne Beaumelle*, *Jean Serre*, *Jacques Brugier*, *Jean Mielguier*, *Élie Maurin*, *Jean Lacroix*, *Jacques Donadieu*, *Jean Bricisse* et *Claude Jousseau* furent immédiatement transférés dans les cachots du Château d'If, par ordre du 17 mars 1706[5]. Il est évident que les rapports envoyés au roi sur cette affaire ne furent pas exacts. Ces *obstinez* étaient déclarés *dangereux*[6]. C'est pourtant grâce à eux que le danger avait été écarté. Il y a du fanatisme dans cette décision, pas

[1] Cf. Arch. Marine, O. et D. 1705. M. de Montmort. 11 fév., 18 fév., 6 mai. 27 mai, 8 oct. etc.
[2] Cf. Arch. Marine, O. et D. 1704. A M. de Montmort, 18 juin.
[3] Cf. Bull. *Journal des Galères*, XIX, p. 63
[4] Cf. Arch. Marine. O. et D. 1706. A M. de Montmort, 21 avril.
[5] Cf. Arch. Marine. O et D. 1706. Ordre du 17 mars.
[6] Cf. Arch. Marine. O. et D. 1706. A M. de Montmort. 17 mars.

de la part du roi; r .is de la part des intendants et
de la mission. Le roi faisait une concession aux missionnaires. La preuve en est dans le besoin qu'é-
prouva le roi de recommander encore la modération.
Il renouvela ses ordres de ne maltraiter personne, de
placer les prisonniers dans des endroits sains, et de
donner aux souffreteux tous les secours que nécessi-
taient leur état. C'est d'ailleurs grâce à la précision
de ces ordres que *Jean Serres* et Jacques Donadieu
purent revenir à l'hôpital passer quelques mois de
maladie, avant de retourner dans leurs cachots du
château d'If, vers le 1er janvier 1707 [1].

Julien dont le procès fut terminé dans les premiers
jours du mois d'avril, se suicida peu après. Avant de
mourir il déclara qu'il n'était pas le fils du roi du
Congo, fantaisie qui d'ailleurs, n'avait rencontré que
des incrédules. Le sous-argousin, coupable de ne pas
l'avoir surveillé lorsqu'il brisa ses chaînes, fut chassé
du service [2].

Une chose que le roi ne comprit pas, du moins
immédiatement, et que nous ne comprenons pas davantage, c'est la raison pour laquelle Julien *ne fut
pas déclaré coupable d'incendie*. Dès qu'il eût connaissance de cette raison, Louis XIV n'insista pas.
Etait-ce une nouvelle concession aux missionnaires?
Voulait-on laisser croire implicitement que c'étaient
les prisonniers protestants qui avaient commis cette
tentative d'incendie, afin de légitimer leur incarcé-
ration dans le château d'If? Ou avait-on honte de
déclarer que Maillet et Maurin avaient éteint le feu
et sauvé l'hôpital? Avait-on peur de devoir quelque
chose à des religionnaires obstinés? Il est certain
que si le véritable rôle des huguenots dans cette affaire avait été connu à cette époque comme nous le
connaissons aujourd'hui, cet emprisonnement aurait
paru tout simplement odieux. Maillet et Maurin en-
voyèrent un placet au roi, qui se heurta à leur inébranlable résolution de ne jamais abjurer. Louis XIV

---

[1] Cf. Arch. Marine, O. et D. 1706, M. de Montmort, 7 avril, 1er sept.,
8 déc., 29 déc.; A M. de Pilles, 14 avril.

[2] Cf. Arch. Marine, O. et D. 1706, A M. de Montmort, 21 avril.

voulut essayer de les prendre par la douceur, et leur
fit proposer un séjour de deux ou trois mois dans un
couvent pour y être instruits. Cette bonté, qui semble vouloir se faire pardonner une faiblesse et une
injustice, fut superflue. Les deux huguenots refusèrent, et leur séjour au château d'If se prolongea[1].

4. — Conséquences

Des trois frères Serres, Jean seul vit, par le fait
de Julien, sa situation modifiée. Il se rapprochait de
son frère aîné Pierre, dans les prisons du château
d'If. On le mit au fond d'une tour dans un sous-sol
malsain et humide, éclairé par une faible lampe[2].
Quant à David Serres, il était toujours enfermé au
Fort Saint-Nicolas. Le 17 mars 1704, le Gouverneur
le fit appeler, ainsi que son compagnon, de Lensonnière, pour leur communiquer l'offre formelle de leur
liberté, moyennant leur abjuration. David Serres
répondit : « qu'étant convaincu que la religion réformée était la seule religion véritable de Jésus-Christ
et la seule dans laquelle il pouvoit faire son salut, il
étoit fortement résolu à y persévérer jusqu'au dernier
moment de sa vie ». Une telle fermeté, après 20 ans
de souffrances, montrait bien que jamais Louis XIV
ne réduirait de tels hommes à une capitulation de
conscience[3].
En ce qui concerne la vie proprement dite des
frères Serres, prisonniers, les détails s'arrêtent aux
données qui précèdent. Pendant les années qui sui-
virent, nous savons seulement que l'attitude du roi
vis-à-vis des religionnaires resta toujours ce qu'elle
avait été dans le passé. Il avait certainement des
doutes sur la légitimité des châtiments infligés à des
sujets dont la vie était exemplaire, mais il avait à
acheter l'indulgence et la complicité du clergé pour
ses désordres et ses débauches, et il finissait, non

___

[1] Cf. Arch. Marine, O. et D. 1706. Au sieur Olivier, 28 avril, 9 juin;
à M. de Montmort, 5 mai, 11 août. — Bull xix, 63-64.
[2] Cf Ant. Court, XI, f° 272, et lettre du 1er août 1709.
[3] Cf Bull. *Journal des Galères* xviii, 589.

sans quelque résistance, par lui livrer ses victimes, par raison d'Etat. Les accusations pouvaient ne pas tenir debout ; mais on était engagé dans la voie de la répression, et on réprimait des innocents. Il fallait, à tout prix, sauvegarder le principe d'unité : une loi, une foi, un Roi. Sur ce terrain, on ne voulut point faiblir.

On eut l'occasion de surprendre une correspondance des forçats huguenots avec des femmes huguenotes emprisonnées à Carcassonne[1] et avec des fanatiques cachés dans les Cévennes[2]. On découvrit des coffres à double fond remplis de papiers de toute sorte, ce qui amena l'emprisonnement de Sabatier[3]. Mais, avec cette fermeté, Louis XIV ne démentait pas ses habitudes d'humanité et de justice. Il persista à prescrire le soin des malades et la salubrité des prisons.

A M. le marquis de Montolieu, 11 déc. 1709.

.... Le nombre des forçats morts à l'hospital pendant le mois dernier est si extraordinaire que je n'ay pu le voir sans en estre entièrement touché, n'estant que trop persuadé qu'une partie de la cause vient de ce que les malades ne sont pas autant soulagez qu'jls doiuent l'estre. Je cherche depuis longtemps les remèdes nécessaires à cette triste situation sans auoir pu encore réussir et je ne négligeray rien des moyens pratieables pour nous en tirer le plustost qu'jl sera possible....[4]

C'est dans ces dispositions faites à la fois d'obstination et d'humanité que Louis XIV continua à traiter les forçats religionnaires[5]. Mais il ne put empêcher ces huguenots de compter, le 9 septembre 1712, 226 d'entre eux morts de seule fatigue, depuis le début, des suites du traitement qui leur était infligé[6].

[1] Cf. Arch. Marine. O. et D. 1706. A M. de Pilles, 8 déc.
[2] Cf. Arch. Marine. O. et D. 1707. A M. de Montmort, 9 mars.
[3] Cf. Arch. Marine. O. et D. 1707. A M. de Montmort, 17 août.
[4] Cf. Arch. Marine. O. et D. 1709. A M. de Montolieu, 11 déc.
[5] Cf. Arch. Marine. O. et D. 1706-1712, *passim.*
[6] Cf. Ant. Court. xi. Lettre du 9 sept. 1712.

5. — « Mercures »

Il est un détail de la vie des galères qui touche de trop près les trois frères Serres pour que nous n'en disions pas quelques mots : la difficulté de la correspondance.

Il est curieux de se demander comment faisaient les forçats pour adresser leurs lettres à l'étranger, en France, ou pour échanger ces lettres entre eux. C'était une opération bien délicate entre galériens, mais bien plus encore entre galériens et prisonniers. C'était là leur grand écueil, la source de toutes les rigueurs additionnelles, de tous les raffinements de cruauté, de tous leurs suppléments d'infortunes. C'est à cause des surprises et des dénonciations que se produisirent les affaires de 1696 et de 1704, sans compter tout ce que nous avons appris avant, pendant ou après et tout ce que nous ne savons pas.

Ils se servaient de leurs compagnons ou de leurs gardiens. Des forçats, des Turcs, des soldats, des pertuisaniers, des argousins, des comites, par bonté ou généralement par intérêt, favorisaient les transactions, portaient les lettres à la poste ou à destination dans une sécurité relative, vu la liberté dont ils jouissaient. Ils affrontaient des punitions éventuelles, poussés par l'appât de récompenses certaines. Des miettes de l'argent venu des pays étrangers leur étaient réservées ; et ils en étaient heureux, car tous ces gens-là étaient de pauvres gens et des gens pauvres. On les appelait des *mercures*.

La difficulté de leur mission apparaît dans ces lignes de *Jean Serres*, datées de juillet 1696 : « Il y » a longtemps que nous avons quelque habitude avec » les pauvres solitaires, mais il faut des précautions » incroyables, et avec cela de la dépense, car outre » qu'ils sont dans un lieu obscur, qu'une sentinelle » est à leur porte et qu'on ne les visite qu'une fois » le jour pour leur porter à manger, c'est que quand » on leur ouvre il se présente quatre fusiliers avec » un sergent à la porte, pendant que le concierge » leur donne à manger. Or, jugez quelles machines

» il faut faire jouer pour trouver accez dans un lieu
» si bien gardé.... [1] ».

Il était d'autant plus impossible que ces correspondances ne fussent pas découvertes, que la police
des galères était minutieusement organisée, avec la
complicité de forçats récompensés et de faux-
frères, et qu'il y eut fréquemment des imprudences
ou des maladresses commises involontairement par
les *mercures*.

Les visites règlementaires et les perquisitions extraordinaires faites dans les effets et les papiers des
galériens ne suffisaient pas. On ajouta la ruse, qui
consistait, par exemple, à s'assurer le concours, bon
gré mal gré, du directeur et des employés de la poste
à Marseille. C'est ce qui eut lieu notamment en
1693[2]; en 1696, pendant l'*affaire des espions*[3]; en
1705, lors des révélations de *Coulange* et de *Bellin*[4];
en 1707, à l'occasion de la correspondance avec les
Cévennes[5]. — Certains forçats trahissaient, ou
feignaient de trahir, les religionnaires, dans l'espoir
d'obtenir soit leur liberté, soit quelque privilège,
soit simplement un peu d'argent; et dans ce
cas, que la trahison fût vraie ou fausse, on arrivait
toujours à surprendre quelques papiers. Nous avons
vu à l'œuvre *Coulange* et *Bellin*; *Julien*, le fils
du roi du Congo(?), n'était pas un méchant homme,
c'était un pauvre fou. Mais on rencontre, souvent
mentionnés, des avis donnés par: un « particulier »...,
« un forçat »..., « un comite »..., etc.[6]

De la part de gens sans aveu, ces actes-là se com-
prennent encore, mais de la part des missionnaires
ils révoltent. Or ces derniers surent, de tout temps,
renseigner le roi sur ce qui se passait et même sur
ce qui ne se passait pas, exagérant les faits et fai-

[1] Cf. Bull. *Journal des Galères*, xviii, p. 148.
[2] Cf. Arch. Marine O. et D. 1693. A M. de Montmort, 8 avril.
[3] Cf. Arch. Marine O. et D. 1696. A M. de Montmort, 16 mai.
[4] Cf. Arch. Marine O. et D. 1705. A M. de Montmort, 18 fév.
[5] Cf. Arch. Marine O. et D. 1707. A M. de Montmort, 9 mars.
[6] Cf. Arch. Marine O. et D. 1688. Au sieur Begon, 15 janv., 7 fev.; A
M. de Montmort, 1696, 28 mars; — *Lettres reçues*, 1695, M. de Bombelles,
11 mars.

sant un crime d'une peccadille. Ils furent même
tellement exagérés dans leurs rapports que les intendants ou les officiers, nous l'avons vu, furent
obligés de démentir ce qu'ils avançaient. Que l'on
se rappelle la lettre écrite par M. de Montolieu au
ministre de la marine, le 3 juin 1699[1]. Elle est con-
cluante.

On terrorisa des forçats pour les obliger à parler,
tel *Pasquet*, lors des troubles de 1696[2]. D'autres
furent payés dans le même but, et M. de Bombelles
se vantait d'employer ce moyen-là[3].

Il y avait, enfin, mieux que cela, sans compter
les lettres anonymes, inséparables de toute affaire
de trahison[4]. Il y avait des espions attitrés, dont les
noms reviennent, comme sur un Livre d'or, dans la
correspondance du ministre de la marine : *Lesacre*,
en 1688[5]; *Sacquet*, en 1690[6]; *Grasse*, en 1703[7]; *de
Mérode*, en 1691 et 1693[8]; *Satis*, en 1695[9]. Deux
noms surtout méritent une mention spéciale dans
cette liste : *Lorance*, qui ne paraît pas avoir été
galérien, mais qui renseignait minutieusement le roi
sur tout ce que faisaient les religionnaires, en 1688,
1691, 1692[10]; enfin le galérien *Jean Richard Thibantes, Tibantes, Thybante*, de Conques (Languedoc),
marchand à Harlem, condamné par le Présidial de
Nîmes, le 20 octobre 1687, pour *excès*, et pour avoir
conduit hors du royaume la sœur de son associé.
D'origine protestante, Thibantes avait abjuré dès
1688[11]; il est dépeint sous de tristes couleurs par

[1] Cf. ci-dessus, p. 81-82.
[2] Cf. Arch. Marine. *Lettres reçues*. 1695. M. de Boubelles, 18 juin.
[3] Cf. Ibidem.
[4] Cf. Arch. Marine. O. et D. 1695. A M. de Montmort, 6 avril.
[5] Cf. Arch. Marine. O. et D. 1688. A M. Begon, 7 mars.
[6] Cf. Arch. Marine. O. et D. 1690. A M. de Montmort, 15 déc.
[7] Cf. Arch. Marine. O. et D. 1703. A M. de Montmort, 30 mai.
[8] Cf. Arch. Marine O. et D. 1691. A M. de Montmort, 9 fév.; 1693, au
même, 18 nov.
[9] Cf. Arch. Marine. O. et D. 1695. A M. de Montmort, 4 mai; *Lettres
reçues*, 1695. M. de Bombelles, 4 avril.
[10] Cf. Arch. Marine. O. et D. 1688. A M. Begon, 7 mars; au sieur de la
Font, 17 sept.; 1691. A M. de Montmort, 26 oct.; 1692, au même, 22 oct.
[11] Cf. Bull. xxxix, p. 328.

Jean Serres, dans une lettre de juillet 1696 : « La
» ligne de communication étant rompue, je ne puis
» pas savoir encore si monsieur C... a receu sa lettre.
» J'ai vu un de ses billets qui n'en parle pas, et cela
» me fait douter qu'elle ne lui a pas été rendue ; car
» nous avons sceu par nos autres amis que le Mer-
» cure leur avoit rendu quelque chose de décacheté,
» et qu'il était grand ami d'un nommé Tibante, ce
» qui nous fait douter qu'il lui a pu faire voir quel-
» que chose, et ce Tibante est un misérable apostat,
» livré au vice et à l'impureté, et qui se voyant
» abandonné après diverses chutes et plusieurs
» excez de débauche s'est déclaré notre plus ardent
» ennemi. Ainsi nous avons mieux aimé quitter ce
» messager infidèle que de nous exposer à être
» découverts, et jugez quel tintamarre ne feroit pas
» cette affaire¹... »

Malgré ses vices, et en raison des services rendus,
le roi se montra disposé à le libérer, le 14 septembre
1701 ; il se décida à le faire le 4 octobre suivant, à
condition que Thibantes resterait à Marseille et
trouverait du travail dans une manufacture. Le
8 mars 1702, le roi lui permit de faire ce qu'il vou-
drait comme occupation, pourvu qu'il restât à Marseille. Mais Thibante était vicieux et incorrigible.
Il s'échappa quelques mois après, et fut finalement
arrêté à Bourges, où on le retint prisonnier².

La conduite de ces traîtres n'est cependant pas
aussi révoltante que celle des *faux-frères*. Les galériens protestants mentionnent deux principaux faux-
frères : *Jean François Malblanc*, prétendu religionnaire qui, par ses impostures, attirait des rigueurs
aux protestants, et qui fut libéré par ordre du 17
mai 1713³ ; et *François Roschebilière, Roshehillière,
Rochebillaire*, dit *du Clos*, de la Mastre, en Vi-
varez, catholique de naissance, qui se vantait de
s'être converti au protestantisme et d'avoir reçu

¹ Cf. Bull. *Journal des Galères* xviii, p. 148.
² Cf. Arch. Marine, O. et D. 1701. A M. de Montmort, 14 sept., 4 oct. ;
1702, au même, 8 mars ; 1703, au même, 2 mai.
³ Cf. Bull. xix. p. 63. Arch. Marine, O. et D. Rôle du 17 mai 1713.

la bastonnade; deux mensonges. Il fut traité de
« vray fourbe » et de « fripon » par ses prétendus
correligionnaires [1], et fut libéré par ordre du
17 mai 1713 [2].

6. — Revers et succès

La situation faite aux huguenots des galères avait
provoqué, de tout temps, d'énergiques protestations
dans les pays étrangers, et de nombreuses tentatives
furent faites, en vue d'obtenir du roi, soit la révocation de la Révocation, soit, au moins, l'élargissement
des galériens.

Nous ne referons pas l'histoire de ces démarches,
si fréquemment racontées [3]. Disons seulement :

1° que les plus ardents défenseurs de la cause
huguenote furent : *Martin, Basnage, Daniel de Superville*, pasteurs en Hollande, et surtout l'infatigable *marquis de Rochegude* ;

2° que les frères *Serres* figurent parmi ceux des
galériens qui provoquèrent le plus, par leurs lettres,
les sympathies et les interventions. Citons, par
exemple : *Serres l'aîné, Valette, Serres le Jeune* au
marquis de Rochegude, le 30 mai 1709 [4] ; — les
mêmes à la reine d'Angleterre, le 14 juin 1709 [5] ; —
10 galériens aux Seigneurs des Cantons Évangéli-
ques, en 1709 ou 1710, signée des trois frères *Serres* [6] ;

3° que la puissance de Louis XIV était brisée par
les défaites de *Hochstedt* (1704), *Ramillies* (1706),
Oudenarde (1708), *Malplaquet* (1709), malgré la
victoire de *Denain* (1712) ;

4° que, malgré cela, les plénipotentiaires des négociations d'Utrecht étaient plus portés à obtenir des
avantages matériels que la délivrance des protestants

[1] Cf. Bull. XVIII, p. 368.
[2] Cf. Arch. Marine, O. et D. Rôle du 17 mai 1713.
[3] Notamment par M. le pasteur Fonbrune-Berbinau. *Daniel de Superville*, p. 95 et suiv.
[4] Cf. Ant. Court, XI, f° 276.
[5] Cf. Ant. Court, XI.
[6] Cf. Ant. Court, XI, f° 338.

français; que cette question des galériens paraissait une sérieuse difficulté; que tous étaient trop fatigués de la guerre pour entraver les pourparlers;

5° que, malgré l'énergie des uns et par la faiblesse des autres, les traités d'Utrecht furent signés le 11 avril 1713, sans amener de changement dans la situation des forçats protestants;

6° qu'enfin ce que l'on n'avait pu obtenir par un traité, on l'obtint, grâce à l'intervention personnelle de *la reine Anne d'Angleterre*, sollicitée, à la prière du *marquis de Rochegude*, par les souverains de Suède, Danemark, Prusse, les Etats de Hollande et les Cantons Suisses.

Il est probable que dès le début du mois d'avril 1713, Louis XIV s'attendait à ce qu'on lui réclamât la liberté des galériens protestants, et que si cette question avait été soulevée aux négociations d'Utrecht, il n'en eût pas fait une question de paix ou de guerre, car, le 5 avril 1713, il demanda une li,te complète de tous les religionnaires, convertis ou non, avec la nature et la date de leur condamnation [1].

Le 3 mai, n'ayant rien reçu, il renouvela sa demande [2].

7. — 1713

Enfin, le 14 mai 1713, il déclara au marquis de Torcy, secrétaire d'Etat au ministère des affaires étrangères qu'il avait ordonné l'élargissement de 138 religionnaires obstinés et de 50 nouveaux convertis [3]. 3 jours après, le 17 mai, les chiffres rectifiés étaient de 137 obstinés et 47 convertis [4].

Nous donnons dans un tableau ci-joint la liste de ces forçats. En regard des 137 obstinés de la liste royale, nous donnons une liste que nous devons à l'obligeance de M. le pasteur Benoît. La liste royale ne donne pas le nombre d'années de galères accom-

[1] Cf. Arch. Marine, O. et D. 1713, A. M. Arnoul, 5 avril.

[2] Cf. Arch. Marine, O. et D. 1713, A M. Arnoul, 3 mai.

[3] Cf. Arch. Marine, O. et D. 1713, Au marquis de Torcy, 14 mai.

[4] Cf. Arch. Marine, O. et D. 1713, A M. Arnoul, 17 mai; — cf. aussi ci-après nos deux premières listes.

plies par les forçats libérés. La raison en est naïvement avouée par M. du Rozel au ministère de la marine :

.... y ayant observé de ne pas marquer le temps pour lequel jls auoient esté condamnez aux galeres, au lieu qu'on en fait exactement mention dans tous les autres passeports de cette espece, cette difference m'ayant paru conuenable parce qu'y en ayant de condamnez a temps que leur obstination a fait rester longues années en galere aprez leur temps fini les gens du pays ou jls vont qui sont presque tous Religionaires ne manqueroient pas de taxer d'injustice le retardement de leur liberté aprez le temps de leur condemnation expiré au lieu qu'jl n'a esté que l'effet de la religion et de la pieté du Roy aussy bien que de celle de vostre Grandeur[1] ....

Si l'on tient compte du fait que le forçat *Louis Isouard* est porté par erreur deux fois sur la liste royale[2], on remarque que ces deux listes sont sensiblement identiques, à part quelques changements dans les numéros d'ordre, quelques erreurs dans l'orthographe des noms et quelques transformations dans les numéros matricules. Il en ressort que le chiffre exact des libérés fut de 136, y compris les deux faux-frères *Jean-François Malblanc* et *François Rochehillière*, ce qui ne fait plus que 134 *obstinés*.

En ce qui concerne les convertis, Louis XIV avait bien eu l'intention première d'en libérer 50. Mais il réfléchit au dernier moment que 3 d'entre eux ne remplissaient pas convenablement leurs devoirs de catholiques et il les raya de la liste[3]. Les 47 autres furent relâchés et purent rester en France. Une surveillance rigoureuse fut exercée sur eux, et le roi écrivit à ses Intendants de province d'observer leur conduite[4].

[1] Cf. Arch. Marine. *Lettres reçues.* 1713. M. du Rozel, 14 juin.
[2] Cf. Arch. Marine. *Lettres reçues.* 1713. M. Arnoul, 22 juin.
[3] Cf. Arch. Marine, O. et D. 1713. A M. Arnoul, 24 mai.
[4] Cf. Arch. Marine, O. et D. 1713. A M. Arnoul. A MM. Dangervilliers, Le Bret, Rouzault, Laugeois, Le Blanc, de Basnage, de la Houssaye, de Basville, 28 juin.

Les religionnaires obstinés furent contraints de se retirer par mer[1]. Et comme il n'y avait pas, à ce moment, de bateau assez important pour les conduire en Angleterre ou en Hollande, ils décidèrent de se rendre en Italie et donnèrent à l'unanimité, comme résidence souhaitée, la ville de *Genève*[2]. Les missionnaires et les aumôniers firent tout au monde pour empêcher leur départ. Jean Marteilhe raconte en détails ces difficultés. Nous ne serions pas étonné que l'avis d'après lequel quelques-uns des 136 se montrèrent, — chose étrange, — disposés à se convertir, n'ait été donné au roi par ces mêmes aumôniers, désireux de garder les libérés le plus longtemps possible, et prévoyant l'offre que fit le roi à ces prétendus repentants de rester à Marseille et en France pour s'y faire instruire[3].

Aucun des 136 ne bénéficia, d'ailleurs, de cette bienveillante proposition. Après mille difficultés, il fut décidé que tous se retireraient à *Villefranche*, dans le comté de Nice. Le patron *Jovas*, ancien protestant, en prit 36 dans sa barque et s'assura deux autres barques pouvant en contenir chacune 50. Les 36 furent les premiers libérés, le 17 juin 1713, et s'embarquèrent seulement trois jours après, à cause du mauvais temps. Comme les départs devaient suivre à 3 jours de distance les uns des autres, c'est donc le 23 et le 26 juin qu'il faut placer les dates de ces heureuses délivrances[4].

Parmi les 136 obstinés se trouvaient plusieurs noms que nous avons rencontrés, au cours de cette étude : *Pierre Maillet, Sabatier, Damouin, Carrière, Bancilhon, Grange, Jean Marteilhe*, et, ce qui nous importe surtout, *David* et *Jean Serres*. Débarqués à Villefranche, ils traversèrent le Piémont et la Savoie, pour arriver à *Genève* le 20 juillet 1713. Genève était le rendez-vous général. Ils y restèrent quelque temps ; puis vint la dispersion. David et Jean Serres firent

[1] Cf. Arch. Marine, O. et D. 1713, A M. Arnoul, 24 mai.
[2] Cf. Jean Marteilhe, *Memoires d'un protestant*, p. 371.
[3] Cf. Arch. Marine, O. et D. 1713, A M. Arnould, 9 juin.
[4] Cf. Jean Marteilhe, *Mémoires d'un protestant*, p. 372 et suiv.

partie de la délégation qui devait aller auprès de la reine Anne lui présenter les remerciements émus des 136. Ils arrivèrent à *Berne* le vendredi soir 25 août ; à *Sumène*, le mercredi soir 30 août ; à *Zurich*, le 2 septembre. Arrêtés par défaut de voitures, ils ne partirent que huit jours après pour *Francfort*. Puis ils passèrent à *Rotterdam*, chez une amie des forçats protestants, Mlle Van Armeyden ; à *La Haye*, chez Mlle de Gozon. Enfin, le 21 octobre 1713, ils arrivèrent à *Londres*.

Leur premier soin fut de se rendre au château de Windsor pour voir la reine Anne. Ils étaient cinq : *Bancilhon, Damouin, Patonnier, David* et *Jean Serres*. C'est *Jean Serres* qui prit la parole. Il remercia la reine et la supplia d'intervenir en faveur de ceux qui étaient encore enchaînés à Marseille et dont il lui remit une liste. Le duc d'Aumont, ambassadeur de France, reçut aussi les cinq délégués, réclama une liste de ceux qui avaient été retenus sur les galères et se déclara gagné à leur cause.

David et Jean Serres se fixèrent momentanément à *Londres* pour y passer l'hiver de 1713-1714 [1].

8. — 1714.

Pierre Serres n'avait pas été délivré. De toutes les souffrances qu'il eut à supporter pendant sa vie de forçat, celle-ci dût être la plus cruelle. Il eut, sans doute, la satisfaction de sentir que ses deux frères étaient libres ; mais il avait aussi le sentiment que c'en était bien fini des libérations, car peu après le départ des 136, il dût obéir à un ordre du roi qui prescrivait l'enchaînement rigoureux sur les galères de tout ce qui restait à Marseille de forçats protestants. Le 7 août, c'était un fait accompli ; Pierre Serres redevenait galérien sur la *Vieille Réale* [2]. Ce bâtiment, comme son nom le laisse assez voir, était l'ancienne galère du général en chef. Déclassée, elle n'avait pas de capitaine. C'était la galère des invalides.

[1] Cf. Bull. xxxi, p. 66 et suiv.
[2] Cf. Ant. Court. i, 7 août 1713 ; xi, 25 décembre 1713.

On y enchaînait aussi les forçats à surveiller spécialement. Les aumôniers y faisaient à peu près ce qu'ils
voulaient. C'est tout dire [1].

De cette galère, Pierre Serres écrivit quelques
lettres qui nous ont été conservées. Sa requête, à
« Sa grandeur, Monseigneur le comte d'Oxford,
grand trésorier d'Angleterre », datée de Marseille et
signée de tous les forçats protestants [2], le 11 décembre 1713 ; sa lettre du 7 août 1713 [3] ; celle du 25 oct.
1713 à Daniel de Superville [4] ; une autre du 25 décembre 1713 [5] ; une autre du 17 janvier 1714 [6] ; une autre
du 17 février 1714 [7], à M¹¹ᵉ de Péray.

Pendant ce temps, les 136 libérés s'occupaient
activement d'obtenir l'élargissement de tous leurs
compagnons. Dès le 12 juillet 1713, le roi eut vent
de démarches tentées auprès du duc d'Aumont,
ambassadeur de France en Angleterre, et il déclara
au marquis de Torcy que ces tentatives seraient
inutiles, « attendu que tous les *criminels* que l'on
réclame à l'heure qu'il est *ont esté condamnez à mort,
la pluspart pour avoir esté pris les armes à la main,
le reste pour d'autres faits que de religion* [8] ». Puis,
comme pour sévir sur ceux-là même qu'il avait laissé
partir, le roi prescrivit à ses intendants de renvoyer
aux galères tous ceux des 136 qui seraient rentrés en
France [9].

Toutefois, la reine Anne avait une grande influence sur Louis XIV. Le vieux roi désirait, de plus,
une fin paisible et l'aplanissement de toutes les difficultés. Il pensa peut-être satisfaire toutes les exigences de la reine par les réjouissances qu'il pres-

---

[1] Cf. Ant. Court. ii, 4 oct. 1700.
[2] Cf. Ant. Court. xi, fᵒ 328.
[3] Cf. Ant. Court. i.
[4] Cf. Ant. Court. xi, fᵒ 71.
[5] Cf. Ant. Court. xi.
[6] Cf. Ant. Court. xi, fᵒ 244.
[7] Cf. Ant. Court. xi, fᵒ 344.
[8] Cf. Arch. Marine. O. et D. 1713. A M. le marquis de Torcy, 12 juillet.
[9] Cf. Arch. Marine. O. et D. 1713. A M. Arnoul, 19 juillet, 2 août,
16 août ; aux intendants de Languedoc, Dauphiné, Montauban, Guyenne,
Auvergne, Poitou, Normandie, Provence, Béarn, La Rochelle, Paris, Cham-
pagne et Picardie, 2 août.

crivit sur les galères de Dunkerque le 16 février 1714, jour anniversaire de la reine[1].

Il se trompa. Malgré cette attention gracieuse, la reine insista, et elle finit par arracher à Louis XIV l'ordre de libération du 7 mars 1714, comprenant 44 noms de galériens protestants[2]. La lettre suivante prouve que le roi ne fit cela qu'à contre cœur.

A M. le Marquis de Torcy, 7 mars 1714.

J'ay monsieur rendu compte au Roy de la liste des forçats religionnaires obstinez qui restent sur les galeres de sa Majesté dont la liberté est demandée de la part de la Reyne d'Angleterre. Elle a bien voulu l'accorder encore a 44 de ceux compris dans cette liste et dont je vous envoye copie du Rolle a condition de sortir du Royaume, ce sont des religionnaires qui avoient esté condamnez avant 1700 dont la peine de mort avait esté commuée en celle des galeres et aux quels Elle avoit refusé de faire grace au mois de may dernier lorsqu'elle l'accorda a 137 sur les premieres jnstances de la Reyne d'Angleterre contenues au Rolle que je vous envoyay et quelques autres condamnez depuis pour avoir voulu sortir du Royaume ou qui venoient pour servir avec les rebelles des Sevenes. Elle a eu besoin de toutte la consideration qu'elle a pour cette Princesse pour s'y determiner, y ayant mesme de ces malheureux qu'elle avoit fait recommander pour n'en jamais sortir, a l'esgard de ceux qui restent, Elle a creu ne devoir point se relascher de sa justice quant a present la pluspart n'estant condamnez pour des assemblées fanatiques et pour avoir esté trouvez en armes contre les deffenses des ordonnances qu'en 1701 et depuis quelques uns le sont pour des crimes de leze Majesté au premier et au second chef. Et enfin d'autres dont les crimes d'assassinat, de vol, de sel et de desertion n'ont aucun rapport à la religion

---

[1] Cf. Arch. Marine. O. et D. 1714. A M. Duguay, 14 février.
[2] Cf. Arch. Marine. O. et D. Rôle du 7 mars 1714.

et pour lesquels jl semble que la Reyne d'Angleterre ne doit pas s'jnteresser Sa Majesté m'a ordonné de vous faire part des raisons de sa résolution a cét esgard affin que vous preniez s'il vous plaist la peine de les expliquer à M. d'Jberville en luy ennoyant le Rolle cy joint pour en jnformer les ministres de la Reyne d'Angleterre et leur faire connoistre que Sa Majesté ne pouuoit marquer une plus grande déférence aux jntentions de la Reyne d'Angleterre sur ce sujet. Je suis, etc. [1].

Comment le roi pouvait-il affirmer qu'il n'y avait plus sur les galères que des assassins, des voleurs, des faux-sauniers, des déserteurs, des rebelles et des condamnés à mort? Par qui donc était-il si mal renseigné? De tels criminels ne sont pas de ceux qu'on libère moyennant une simple abjuration. Or Louis XIV, le 12 décembre 1714, libéra 19 forçats protestants, parce qu'ils étaient nouveaux convertis[2].

Nous donnons[3] ici deux listes comparées de protestants délivrés le 7 mars. Ce sont, à quelques erreurs près dans l'orthographe et quelques chiffres près dans les numéros, les mêmes noms désignant les mêmes individus. Le nombre d'années accomplies sur les galères manque à la liste royale. Nous avons vu[4] pour quelle raison l'Intendant opérait cette réserve. On n'aurait pas manqué à l'étranger de crier à l'injustice de Louis XIV.

Si l'on compare de près ces deux listes, on peut faire l'observation suivante : la liste royale commence par citer le noms dans leur ordre impair, 1er, 3e, 5e, etc. de l'autre liste ; puis, à partir du 23e, *Pierre Didier*, donne les noms de l'ordre pair, 2e, 4e, 6e, etc. de l'autre liste. Une seule exception : *Jean Severat*, le 12e de la liste royale, est *le dernier* de l'autre liste. Il est probable que cette dernière a été copiée sur une copie de la liste royale, laquelle s'étalait sur

[1] Cf. Arch. Marine. O. et D. 1714. A M. le marquis de Torcy, 7 mars.
[2] Cf. Arch. Marine. O et D. 1714. A M. Arnoul, 12 déc.
[3] Cf. ci-après la 3e de nos listes.
[4] Cf. ci-dessus, p. 117.

deux colonnes, commençant l'une par *Isaac le Ve-neur*, l'autre par *Pierre Didier*, et que le copiste, (à qui l'on a pu dicter du reste à cause des erreurs qui se sont glissées), au lieu de lire verticalement la liste royale, aura lu horizontalement, prenant les noms de gauche à droite, et prenant successivement le suivant dans chaque colonne ; puis ayant tout d'abord oublié *Jean Severat*, il aura réparé ensuite son oubli et placé ce nom tout à fait à la fin.

Parmi les 44 libérés du 7 mars 1714, se trouvaient *Jean Bancilhon*, *Jean Musselon* et *Pierre Serres*. Que fit-on pour retarder leur départ ? Nous ne le savons pas. Il est à croire du reste, que l'espoir de les con-server était assez faible chez les aumôniers. Le 26 mars, les 44 furent mis en liberté et embarqués sur « la *tartane* nomée Saint-Joseph de Marseille, patron Ambroize jannas[1] » mais ils furent retenus au port par la maladie d'un des leurs : *Abraham Jannaire*, *Janoir*, *Jamer*, le n° 6446, qui succomba à cette ma-ladie, faite de malheurs et de fatigues[2], sur le bateau même où on l'avait transporté, le 30 mars 1714. Le 3 avril, 43 passagers partaient pour *Saint-Remo*[3].

Ils firent le même trajet que leurs devanciers et se rendirent à Genève, d'où *Pierre Serres*, *Augier*, *Legras* et *Lardant* écrivirent une lettre de recon-naissance à S. A. R. Mme l'Electrice de Brunswick[4] ; le 14 juin 1714. Le 15 juin, *Pierre Serres*, *Le Gras*, *Lardant* et *Deveau* (ou Dubeau) partirent pour la Hol-lande et l'Angleterre[5], où ils ne devaient arriver que pendant les premiers jours de septembre, car il leur fallait, en passant, serrer toutes les mains qui se tendaient vers eux. En Hollande, il fut décidé qu'une commission de dix membres irait à Londres voir le successeur de la reine Anne décédée, le roi George Ier. *Pierre Serres* fit partie des dix et fut

[1] Nous lisons *jannas*, ce pourrait être *jannas*, *jauvas*. C'était un nommé *Jovas* qui avait embarqué les 136 de l'année 1713. C'est peut-être le même.
[2] Il comptait 30 ans de galères, depuis 1684. Cf. Bull. xxxviii, p. 158.
[3] Cf. Arch. Marine. *Lettres reçues*. 1714. Le sieur Ranché, 5 avril ; M. Blondel de Jouvencourt, 9 avril.
[4] Cf. Ant. Court. ii.
[5] Cf. Ant. Court. i.

chargé de prendre la parole. Au cours de l'entrevue,
il remit au roi une liste de galériens protestants retenus à Marseille et une requête. Puis il le supplia
d'employer son influence à délivrer les captifs :

« Je feray, je feray, dit le roi en prenant les pa-
« piers, qu'il bailla à un domestique pour les re-
« mettre à M. de Robeton. Cela nous fit de la joie.
« Le roi nous regarda l'un après l'autre, salua même,
« et passa. Le domestique nous dit ensuite : « Est-ce
« que vous avez laissé aux galères plusieurs de vos
« gens ? » — Je lui dis : « Oui, il y en a encore 125[1],
« entre lesquels il y a un gentilhomme de distinc-
« tion[2]. » — Il n'eut pas le temps de s'arrêter, mais
« il dit : « Le roi les aura bientôt délivrés tous ! » —
« Il y a un jeune garçon qui est le divertissement du
« roi, qui vint nous dire pendant que nous attendions
« dans la chambre : « Est-ce vous autres qui avez
« été en galères? — Oui, lui dis-je, voilà monsieur
« qui y a été 29 ans, cet autre 24, et cela parce que
« nous n'avons pas voulu quitter la religion réformée.
« — Qui est ce cruel? » dit-il. Il ne put en dire da-
« vantage, parce que le roi arriva[3]. »

La plupart des galériens libérés avaient doublé ou
triplé le temps de leur condamnation. A part ceux
qui, comme David Serres, avaient été condamnés à
perpétuité, tous les autres avaient au moment de leur
libération dépassé depuis longtemps l'époque à laquelle
ils auraient dû devenir libres. La captivité la plus longue que nous ayons à enregistrer est celle d'*Abraham
Janoir*, qui fit 30 ans de bagne; immédiatement
après lui, vient *Pierre Serres* avec 28 ans 1/2. 10 hommes restèrent 27 ans sur les galères, parmi lesquels
David et *Jean Serres*. Après eux nombreux étaient parmi les libérés ceux qui avaient fait 25, 24, 22, 20 ans de
bagne. Parmi ceux qui restaient au nombre de 123
au moins et peut-être 138[4], la plupart avaient déjà

[1] Ce chiffre est peut-être au-dessous de la réalité. Cf. la 4e de nos listes.
[2] Allusion au *baron de Salgas*.
[3] Cf. Ant. Court. xi. Lettre de Bancilhon, 25 sept. 1714.
[4] Cf. Ci-après notre 4e liste.

10, 11 et 12 ans de galères, quelquesuns 13, 14, 17 ;
un 19 ans.

9. — APRÈS LA DÉLIVRANCE.

Il devient difficile de continuer la vie des trois
frères Serres. Nous savons que David et Jean avaient
attendu leur frère aîné à Londres[1]. On a prétendu
que Jean Serres mourut, à la fin de 1714, parce que
M. de Salgas se plaint à Mlle de Saint-Veran, le 4 février 1715, que Jean Serres ne répond pas à une
lettre qu'il lui avait écrite le 28 novembre 1714[2].
C'est un peu hasardé ; la lettre de Salgas pourrait
prouver le contraire. De plus, Pierre Serres écrivait
le 18 février 1715 à Daniel de Superville[3], sans parler
de la mort de son frère. Le dernier écho de l'existence
des trois frères nous est donné par une lettre du
20 août 1715[4], où il est question de la délivrance de
Pierre Serres et des 44.

Et puis, le silence se fait autour des trois frères.
On peut le regretter... Mais, au fond, qu'importe ?
En 1714, ils avaient 54, 49 et 46 ans. Ils avaient été
arrêtés à 25, 20 et 17 ans ; il y avait de cela 29 ans !
C'est à dire plus de la moitié de leur vie. Ils n'avaient
pas abjuré.

C'est par là qu'ils furent grands ; et c'est cette
grandeur qu'il convenait de signaler. Qu'importe
qu'ensuite leur vie ait été calme ? Cela n'a rien
ajouté de beau aux cheveux blancs de ces jeunes
vieillards.

Nous avons vu ce qu'ils ont fait comme galériens,
Il nous faut voir ce qu'ils ont fait comme chrétiens.

---

[1] Cf. Ant. Court. XI, 16 juillet 1714, f° 85.
[2] Cf. Bull. XXIX, p. 184.
[3] Cf. Ant. Court. XI, f° 419.
[4] Cf. Ant. Court I.

CHAPITRE VII

La piété des frères Serres

Par le fait seul que les frères Serres et leurs compagnons étaient protestants et galériens, c'est-à-dire détenus pour cause de religion, la sympathie d'un très grand nombre de personnes leur était acquise. La longue durée de leur détention, les douloureux récits de leurs vives souffrances ne firent qu'accroître encore cette sympathie initiale. Le sang-froid, la patience, l'énergie de ces malheureux, leur obstination systématique à résister malgré leurs épreuves, leur foi, enfin, leur foi de huguenots, cet attachement invincible à leur Dieu, cette confiante soumission à la volonté divine, transformèrent cette sympathie en une sorte d'irrésistible attrait, une manière de passion. On se demande vraiment si le mot de passion serait trop fort, quand on voit avec quelle infatigable énergie, pour ne prendre qu'un exemple, le marquis de Rochegude fit sienne la cause des protestants français et présida, avec une persévérance, avec un courage que les échecs n'ébranlèrent jamais, à la vaste coalition européenne qui devait aboutir à la libération. De tous côtés ce fut la même ardeur, le même zèle, qui, tout d'abord, en stimula seulement quelques uns, mais qui finit ensuite par étreindre tous les cœurs.

Sans doute, dans le tableau qu'offraient les religionnaires des galères, il y eut des ombres. Il est indiscutable qu'un grand nombre de protestants abjurèrent pour obtenir leur liberté. Toutefois, comment ne pas saluer respectueusement cet exode des 136 de 1713 et celui des 44 de 1714 que 25 et 30 ans de souffrances n'avaient pas intimidés ? Aussi la liste serait-elle longue de ceux qui leur sont venus en aide. A côté du *marquis de Rochegude*, citons quelques noms vénérés par les forçats :

Mlle La Roque, domiciliée à Rouen, rue aux Ours, et bravant ainsi les persécutions de l'époque. C'était « l'illustre protectrice des saints.... » « sa piété distinguée et son mérite sans exemple étaient toujours présents aux yeux de ses amis de Marseille [1]. »

Mlle Van Armeyden, et son gendre, le célèbre *Daniel de Superville*, pasteur français à Rotterdam, qui de Hollande furent, pendant de si longues années, en relations constantes avec des galériens [2].

Le marquis de Peray, qui, lors du traité de Ryswick, en 1697, essaya d'obtenir le rétablissement de la religion protestante en France. Sa femme *Mlle de Peray*, et sa tante, *Mlle Dangeau*, qui avaient fondé, à la Haye et à Eskedan, près de Rotterdam, deux sociétés de 10 ou 12 dames, vivant comme des religieuses, et donnant asile aux réfugiés, sans préjudice de ce qu'elles faisaient pour les galériens [3].

Citons encore : *Mlle de Gozon* ; *M. de Satur*, qui avait abjuré ; *le professeur Calandrin*, de Genève, qui contribua, comme nous allons le voir, à l'organisation des galériens protestants en société ; *le pasteur Osterwald* ; *M. de Saint-Benoît*, pasteur à Lausanne ; *le pasteur Isarn* ; *le professeur Currit*. Qui encore ? Car cette liste est forcément incomplète. Ce sont là, du moins, les noms des principaux amis des galères et correspondants particuliers des trois frères Serres.

2. — La « Société Enchaînée »

Les frères Serres étaient classés, nous l'avons vu, parmi les huguenots des plus *opiniastres*. D'autres

---

[1] Cf. entr'autres. Ant. Court. xi, f° 88, 90, 92, 95, 97, etc., etc.
[2] Cf. Fonbrune-Berbinau. *Daniel de Superville*, p. 121, note 1.
[3] Cf. Ant. Court. i, passim ; et xi, f° 126, 344. — M. de Peray, sa femme et sa fille avaient été inquiétés en France en 1686, et même enfermés à la Bastille et dans des couvents M. de Peray dut céder et abjurer. (Cf. Archives. Registres du secrétariat. 1686. A. M. de Besmaus, 2 avril, 25 avril ; A M. de la Reynie, 2 avril, 8 avril).

furent aussi résolus et courageux qu'eux. Nul ne le fut plus. Ils n'étaient pas des chefs ; car il n'y avait pas de chefs, et ils se défendirent de cette ambition. Mais ils étaient, avec quelques autres, particulièrement en relief, parce qu'ils s'occupèrent, non pas seulement, non pas tant, d'eux-mêmes, mais surtout de l'intérêt général des galériens protestants. Leur correspondance était moins la leur que celle de tous. On leur doit, en grande partie, l'organisation de la *Société Enchaînée*.

De bonne heure, les nombreux protestants des galères éprouvèrent le besoin de resserrer entre eux les liens qui les unissaient et de se constituer en association. Ce ne fut pas une Eglise ; il n'y avait pas de pasteurs, il n'y avait pas de lieu de réunion. Il y avait une velléité d'Eglise, des façons de pasteurs, des simulacres de temples. Pas de pasteurs, de simples amis qui encourageaient, qui consolaient, qui portaient secours. Pas de temples ; le plus souvent les bancs des galères, parfois la manufacture Peloux. Donc pas d'Eglise ; le simple lien d'une même foi au même Dieu, au même Christ. C'est pour entretenir cette foi, par le soulagement des misères, que l'on pensa à établir des *Règlements*[1].

La société eut de tout petits commencements. De 1686 à 1688, *Kerveno de l'Aubonière*[2], *de la Cantinière-Barraud*[3] et *Pierre Butand de Lensonnière*[4] procurèrent des secours aux plus nécessiteux. Mais c'était une initiative privée ; leurs relations étaient restreintes, le nombre des protestants encore peu élevé. Ils offraient leurs propres ressources et ne songèrent pas à établir de règlementation.

[1] Cf. Bull. xvii, p. 20-29, 65-73.
[2] Cf. ci-dessus, page 43. — *Louis-François Kerveno*, seigneur de l'Aubonière, près de Ste-Hermine, condamné aux travaux forcés pour avoir tenté de sortir du royaume (1686). Les efforts de sa sœur, Madame des Coulandres, et de l'abbé du Mahis, ministre apostat, pour le ramener à la foi catholique, furent sans résultat. Cf. Bull. xv, 484.
[3] *René Barraut*, sieur de *La Cantinière*, martyr, mort en 1693. Cf. Ant. Court, xiii, f° 117 ; Bull. xv, 484.
[4] Compagnon de David Serres (Cf. page 97). Très éprouvé dans sa santé. Libéré sur les instances de sa famille qui s'engagea à en faire un catholique, en 1707 (Cf. Arch. Marine, O. et D. 1707, 16 mars, 25 mai, 29 juin, 20 juillet), et mort peu après (Cf. Ant. Court, xi, f° 272).

Peu à peu le chiffre des huguenots s'accrut. Les relations avec l'extérieur devinrent plus nombreuses, les besoins plus grands, les distributions plus difficiles. Qu'est-ce qui empêchait n'importe quel forçat de se dire protestant pour obtenir des secours de ces gens charitables ? Les trois distributeurs se virent insuffisants. A la longue, Kerveno et La Cantinière disparurent, *de Lensonnière* s'entendit avec *Pierre Mauru*[1] *Elie Néau*[2], *Pierre, David* et *Jean Serres*. Ils établirent certaines règles pour diriger et répartir leurs secours.

Cette seconde tentative constituait un véritable essai d'entente. A ce point de vue, ce fut un grand pas vers une organisation véritable. Mais elle était très insuffisante et de plus, les fameuses affaires de 1696 vinrent interrompre toute relation. Pierre Mauru succomba à ses souffrances. David Serres et Lensonnière furent emprisonnés. Elie Néau fut relâché.

Pierre et *Jean Serres*, d'accord avec *Valette*[3], *J. Dubuy*[4], et *Elie Maurin*[5] continuèrent la lourde tâche de leurs prédécesseurs, pendant les années 1697 et 1698. C'est alors que M. de Calandrin, professeur à la Faculté de théologie de Genève, intervint par ses conseils et pressa les huguenots de s'organiser sur des bases solides, avec des missions nettement délimitées. Un comité de sept membres prit en 1699 l'initiative des affaires. J. Dubuy, probablement mort à cette date, n'en fit pas partie. Jean Serres s'excusa, malgré les instances de ses compagnons, parce qu'il tenait à accorder tous ses soins à deux pauvres forçats protestants de sa galère. Il n'en resta pas moins très actif, s'occupant, malgré tout, de l'intérêt général, il signa lui aussi les rè-

---

[1] *Pierre Mauru*, de Loisy-en-Brie, arrêté en mars 1686, mort à l'hôpital des forçats, à Marseille, en avril 1696. Cf. Bull. xxviii, p. 115.

[2] Libéré en 1697 à la prière de milord Portland. Cf. Bull. xvii, p. 21, note 2 ; et Hist. des souffrances d'Elie Néau. Rotterdam. 1701.

[3] Mort aux galères en 1711.

[4] Probablement mort lui aussi aux galères.

[5] Libéré en 1713.

glements; et l'on ne peut le séparer que nominalement des sept membres du nouveau comité, qui furent : *Pierre Serres, André Valette* et *Elie Maurin*, membres du comité précédent; *Abel Damouin*[1], *Jean-Baptiste Bancilhon*[1] *Pierre Carrière*[1] et *Jean Musselon*[2].

Les *Règlements,* confectionnés par ce comité, sont précédés de remerciements à l'adresse de Dieu « si » plein de sagesse et de bonté, qu'il ne se laisse » jamais sans témoignage en bienfaisant à ses en- » fants. S'il les frappe d'une main, il les soutient en » même temps de l'autre..... C'est ce que nous » avons éprouvé en une infinité de manières, durant » le cours de notre triste esclavage; mais c'est ce » que nous avons éprouvé d'une façon particulière à » l'égard de nos nécessités corporelles et extérieures, » car quelque indignes que nous soyons des bontés » de ce divin Créateur, et quelques efforts qu'ayent » fait nos ennemis pour nous priver de tout secours, » la bonne et sage Providence a pourtant toujours eu » le soin de pourvoir à nos besoins. Elle a inspiré » une ardente charité envers nous à nos chers frères » libres, et elle a suscité, d'autre côté, au milieu de » nous de bons fidèles qui ont eu la charité de s'em- » ployer pour le bien et pour le soulagement de » notre société enchaînée. »

Suivent quinze articles. Le comité expose *le but de sa mission ;* — prononce l'exclusion de la société des *infidèles* et des *faux-frères ;* — prescrit l'exhortation des *faibles,* l'instruction des *ignorants,* la consolation des *malades;* — confie à Maurin et à Bancilhon la rédaction des *Mémoires des vrais fidèles;* à Valette et à Carrière la *distribution des secours ;* à Bancilhon, Musselon et Serres, la *vérification* des comptes et des distributions *;* — recommande à chacun des membres du comité d'entretenir dans sa *correspondance* la charité des protestants libres : Damouin et Valette écriront spécia-

[1] Libéré en 1713.
[2] Libéré en 1714.

lement en France; Musseton et Carrière en Suisse
et en Allemagne; Bancilhon et Serres en Hollande
et en Angleterre, sans que cette répartition ait rien
de rigoureux ; — réclame la *communication des
lettres* écrites et reçues à tous les membres du comité ; — prévoit la *disparition* de tel ou tel membre
du comité et pourvoit à son remplacement immédiat par un bénévole choisi provisoirement en attendant une nomination régulière; — châtie par
avance quiconque violerait ses promesses et *man-
querait à sa parole* ; — et se recommande enfin à
la *grâce de Dieu* pour les cas imprévus.

Les membres du comité se défendent de vouloir
diriger ou dominer. C'est dans un simple esprit de
pure charité que ces règlements ont été rédigés, dans
l'intérêt général matériel et spirituel. Au surplus
toute réclamation et toute critique sont acceptées et
seront même les bienvenues. Suivent : une exhortation pressante à la fidélité, à la persévérance ; et des
remerciements chaleureux à l'adresse des bienfai-
teurs des galériens.

L'adresse est *Aux Églises de Genève et des Cantons
protestants de la Suisse. Salut.* Le mémoire se ter-
mine : *Fait à Marseille, sur les galères de France, le
vingt cinq-février mille et six cens quatre-vingt-
dix-neuf et le quatorzième de nos souffrances.*

Ont signé : *Serres, Damouin, Carrière, Pelecuer,
Valette, P. Allix, Bancilhon, P. Perraud, Musseton,
E. Maurin, D. Gouin, Jean Lardant, Serres le Jeune.*

On peut se demander jusqu'à quel point cette savante organisation put fonctionner. On avait à peine
commencé à la mettre en vigueur (fév. 1699), qu'écla-
tait, le supplice de la *bastonnade*. En 1700, Pierre Serres disparaissait; en 1702, c'était Jean Serres. Que
d'autres disparitions ! que de difficultés ! que de
saisies opérées! la vigilance des gardiens, la trahison
des faux-frères déchiraient en un instant ces toiles
d'araignée si patiemment tissées.

Toutefois, de ce mémoire ressort bien nettement
l'esprit qui animait les galériens huguenots. Eux que
l'on avait accusés si souvent de trahison, c'étaient

les gens charitables, aimant, humbles par excellence. Un traître, c'est un égoïste, un ambitieux,
un hypocrite. Que nous sommes loin de compte! Pas
trace d'égoïsme dans ce portrait si frappant. C'est, au
contraire, l'amour le plus désintéressé, la charité la
plus grande. *Tu aimeras ton prochain comme
toi-même*[1]. Pas trace d'ambition. Ils supplient leurs
compagnons de chaînes de ne pas les considérer
comme des chefs. Rien n'est plus loin de leur
pensée que la domination. Ce qu'ils veulent, c'est
servir. *Quiconque veut être grand parmi vous sera
votre serviteur*[2]. Pas trace d'hypocrise. Les lettres
reçues ou envoyées seront lues par tous et c'est la
société tout entière qui nomme ses représentants. Et
surtout, c'est le souci unique d'obéir aux comman-
dements du Dieu qu'ils servent, c'est la fidélité et la
persévérance même, c'est l'attachement invincible
à leur Christ de qui ils n'ont pas douté. Il l'ont aimé,
leur Dieu, de tout leur cœur, de toute leur âme, de
toute leur pensée, malgré tout ce que l'imagination
des hommes a pu concevoir de cruautés pour les dé-
tourner de ce devoir. *Alors on vous livrera aux tourments et l'on vous fera mourir...., mais celui qui per-
sévèrera jusqu'à la fin sera sauvé*[3]. Quelle réalisation
plus parfaite peut-on souhaiter ici-bas du pur Évangile?

3. — Résultats obtenus

Un grand nombre de galériens protestants avaient
adhéré aux règlements et faisaient partie de la *Société
Enchaînée*. Entraînés par l'exemple des plus hardis,
beaucoup trouvèrent dans cette communion de
pensée et de sentiments le secret de leur force, et
réussirent à triompher de leurs souffrances. Une
attitude si énergique ne passa pas inaperçue. Sur le
coursier même de leur galère, sur lequel ces malheureux endurèrent la bastonnade, ils excitèrent souvent

[1] Marc XII, 31.
[2] Marc x, 43.
[3] Mathieu XXIV, 10-13.

l'admiration et la pitié de leurs persécuteurs eux-mêmes. Mais ils firent plus. Ils rendirent si sympathique, à quelques uns de leurs spectateurs ou de leurs adversaires, la cause pour laquelle ils souffraient et mouraient, que plusieurs embrassèrent cette cause et décidèrent de la défendre à leur tour.

Parmi ceux-ci, fut *Jean Bion*[1], d'abord curé à Urcy (Côte d'Or), puis aumônier de galère à bord de la *Superbe*. Dès 1703, ému de ce qu'il avait vu, il se révolta intérieurement contre de semblables rigueurs. Le souvenir de ces supplices le poursuivit pendant quatre années. Au bout de ce temps, il abandonna une religion « où depuis longtemps j'apercevois beaucoup d'erreurs, et surtout une cruauté qui est le caractère opposé à l'Église de Jésus-Christ. » Cette conversion sensationnelle était due aux épreuves endurées par les huguenots. Jean Bion en mentionne quatre : *Sabatier, le baron de Salgas, Pierre Serres* et *Bancilhon*.

Mentionnons deux prosélytes des galères dont les noms nous ont été conservés[2] : *Nicolas Doubigny* et *Jean Fayan*, tourmentés par les missionnaires et menacés de mort. Nous ne savons ce que le premier est devenu. Il est peut-être mort aux galères, car il ne se trouve ni sur les listes de forçats libérés en 1713 et 1714, ni sur celle de ceux qui restèrent enchaînés après ces dates. Toutefois, il a pu avoir un sort analogue à celui de Jean Fayan. Ce dernier, natif de Bourdeaux (Drôme), avait été condamné pour désertion en 1687, et placé sur la *Guerrière*. Il entra en relation avec les forçats protestants, et en 1694, il déclara à son aumônier qu'il n'appartenait plus à la religion catholique. Frappé, maltraité, il résista. *Pierre Serres* eut une grande influence sur lui à l'hôpital des forçats et au château d'If où ils se rencontrèrent. En 1709, libéré à condition de servir comme soldat, il se souvint de Pierre Serres, qui fait de lui le plus bel éloge dans une lettre du 3 octobre 1712.

---

[1] Cf. Jean Bion, *Relation des tourments...*
[2] Cf. Bull. xvii, p. 342 ; xviii, p. 233.

Une autre conversion, celle-là à l'actif de *David Serres*, causa une vive émotion aux pères de la mission et plus encore au ministre même de la Marine royale, en 1698, Il s'agissait de *l'abbé de Maupeau*, oncle de MM. de Pontchartrain[1]. Peut être aumônier de galère, il tomba gravement malade, à Marseille, et fut transporté à l'hôpital. Comme il était vieux et qu'on craignait de le voir mourir, il fut question de le confesser. Il refusa. On s'aperçut qu'il avait complètement changé, et l'on découvrit des relations étroites entre lui et David Serres, qui ne laissaient plus de doutes sur les influences subies. « Jugez quel tin-
» tamarre, s'écrie Pierre Serres, et quel bruit cela
» a dû faire. Je crains qu'on en ait déjà écrit en
» cour; et selon qu'on m'a écrit, et la disposition
» des choses, il est fort aparent qu'il sera transféré
» dans la citadelle où est M. de Lensonnière....
» M. l'abbé est absolument résolu de vivre et de mou-
» rir dans cet heureux état. Il souhaiteroit voir le
» *Preservatif*[2] de M. Jurieu. »

Nous ne savons pas que les frères Serres aient contribué à provoquer d'autres conversions. Que de choses d'ailleurs que nous ignorons sur leur activité de chrétiens! Combien parmi leurs compagnons auraient pu attester que l'exemple des trois frères fut pour beaucoup dans leur courage! Nous pouvons citer *Antoine Grange* et *André Pelecuer*, sur la *Fortune*, en 1700[3]; — c'est-à-dire deux au milieu de tant d'autres. Que de témoignages ignorés! Que d'appréciations perdues!

La Cantinière-Barraut, écrivant, le 25 mai 1693 au pasteur de Rouen, M. La Place, mentionne « les trois illustres frères qui se nomment MM. de Serre, et qui sont de Montauban[4] ». — *Bancilhon*, écrivant à Mˡˡᵉ de Peray, le 14 décembre 1699, s'exprime ainsi : « Vous dites que ce nom de Serres est bien

[1] Cf, Bull. *Journal des Galères*, xviii. 196-197. Louis Phélypeaux, comte de Pontchartrain était contrôleur général et Ministre de la Marine.
[2] Réponse de Jurieu à l'*Exposition de la foi catholique*, par Bossuet.
[3] Cf. Bull. *Journal des Galères*, xviii, p. 370.
[4] Cf. Bull. xv, 527-533.

» en bénédiction en l'Eglise de Dieu ; il ne l'est pas
» moins parmi notre société, qui leur est tant
» obligée. Leur loüange est en l'affaire de l'Evangile
» et aussy en celle de notre communauté. Aussy, je
» ne m'étendray pas davantage sur ces trois vrays
» Hébreux de la fournaise[1]... »

Les trois vrays Hébreux de la fournaise[2] ! Quel
plus magnifique éloge pouvait faire un huguenot de
trois compagnons ! Cela ne justifie-t-il pas toute
l'affection qu'on peut avoir pour ces trois nobles figures des galères ?

4. — Leur foi

Qu'ont-ils fait pour mériter une pareille estime ?
Au point de vue des hommes, rien d'extraordinaire.
Ils n'ont pas été des savants, des penseurs, etc.
Ils n'ont eu aucune des vertus que l'humanité décore
et récompense. Nous pourrions dire que David était
le plus doué, ou, tout au moins, le plus instruit, et
que Pierre l'était le moins. A quoi bon ? Leur degré
d'instruction était sensiblement le même et était
fort peu élevé. Ce n'est pas par là, certes, qu'ils ont
été grands. Relever dans leurs lettres des traces de
doctrine quelconque ? A quoi bon encore ? Ils n'ont
pas eu de théories à eux, pas d'originalité quelconque
dans leur pensée ou dans leur style.

Mais ils ont été grands par leur humilité même.
Fils du peuple, nés pauvres, sans instruction, ils
n'avaient rien..., rien que leur foi : une foi ardente,
une inébranlable confiance en leur Christ, une
soumission complète aux ordres de leur Dieu. Quelle
vénération profonde pour ce Dieu ! Comme ils se
sentaient paisibles, tranquilles, sûrs, sous une
pareille direction ! Décrets, ordonnances, menaces,
châtiments, supplices, du roi, des intendants, des
officiers, des aumôniers, des missionnaires, que leur
importait tout cela ?

[1] Cf. Bull. xvii, 117.
[2] Cf. Daniel iii.

Il n'y avait là rien que le Sauveur n'eût prédit à ses disciples de tous les temps. Ils savaient que Dieu dirigeait toutes choses. Ils avaient leurs décrets, leurs ordonnances, leurs menaces, leurs promesses, et au besoin leurs châtiments et leurs supplices décrits et arrêtés dans la Parole de Dieu. Et ils avaient leur unique aumônier, leur seul intendant, leur seul roi, en Dieu. Ils respectaient, comme des institutions divines, toutes les autorités établies, tous les hommes, tous leurs ennemis, jusqu'à concurrence du respect qu'ils devaient à leur Dieu. Ils étaient prêts à toutes les concessions, pourvu que le règne de Dieu restât en son entier. Pour eux il valait mieux obéir à Dieu qu'aux hommes. Absolument certains, et non pas seulement convaincus qu'ils étaient sauvés par le sang de Christ et par une faveur spéciale de Dieu, s'ils persévéraient, ils se considéraient encore comme des privilégiés, ils persévéraient joyeusement, ils aimaient d'affection fraternelle ce Christ et d'affection respectueuse, ce Dieu ; mais que leur importaient les souffrances actuelles, passagères, éphémères, en comparaison de la gloire future, du bonheur éternel qui leur était assuré ?

Voilà tout le secret de leur force, de leur courage, de leur vaillance, et en même temps de leur humilité.

Quels caractères, quels hommes, ces huguenots des galères !

Les frères Serres ont beaucoup écrit. Ce n'est pas une petite chose que de se décider à citer tel ou tel passage de leurs lettres, plutôt que tel ou tel autre. Aussi prenons-nous presque les premiers venus de ces extraits de leurs lettres, heureux d'en citer quelques-uns et regrettant d'en supprimer tant d'autres.

Pierre Serres, dans les passages suivants, donne la note triste :

...Les maux dit-on quy sont rudes ne durent pas le tems acomode tout, mais les notres se fortifient et vont toujours en croissant pendant que nos foibles corps se deflitent, voila

en abrege notre Istoire... Or cella ne vous touche-il pas vous
tous passants cependant Mʳ nous confessons que nous en
méritons cent fois d'avantage a cause de nos péchés mais
bény soit Dieu quy nous a Epargnés et quy faisant tourner a
honneur nos souffrances puis qu'elles sont prises de la profession de sa vérité, fait aussy qu'elles nous sont salutaires
et qu'elles Edifient l'Eglise je vous prie Mʳ de l'en benir avec
nous dans votre cabinet comme nous le faisons dans notre
triste demeure en attendant qu'il nous fasse la grâce de le
faire ensemble de vive voix dans les Sᵗᵉˢ Assemblées après
lesquelles nous soupirons... Demandés Instamment à Dieu
Mʳ mon très honoré frère ce que les hommes nous refuzent
et qu'ils ne peuvent nous accorder sans sa permission et
comme ce n'est qu'a regret qu'il afflige ses Enfants que leurs
péchés le forcent a les chatier pour empécher qu'ils ne se
perdent Entièrement, priés le surtout qu'il nous pardonne
pitoyablement les notres Et qu'il nous donne une telle sacti-
fication de corps et d'Esprit que nous puissions voir sa fasse
glorieuse en nous faisant ce grand bien il nous accordera le
reste pour nous mieux affermir dans son amour il nous faira
aussy la grace de pouvoir repaitre nos âmes du pain de la
bonne parolle dans son saint temple ou Elle Est sy purement annoncée par nos bons et fidelles pasteurs quy comme
de vives lumières que le Soleil de Justice a placés au milieu
de son peuple l'Eclairent pour le conduire à la Canaan Céleste
ou les doux fruits de l'Arbre de vie fairon ses delices Infinis
a la gloire de charitable Rédempteur... [1]

...Dieu est puissant, âmes fidelles pour ramener la captivité de Jacob, et rassembler sa gent dispersée et prison-
nière, peut-être le louerons nous encore icy-bas tous ensemble.
Mais s'il dit que cela ne lui plait pas Il est le Seigneur, qu'il
fasse de nous tout ce qu'il trouvera bon. Il nous faira la
grâce au moins de le bénir et le louer tous d'un cœur et
d'une voix avec plus de pureté et de sainteté à jamais dans
le séjour des Bienheureux glorifiés, en cecy nous savons qu'il
nous exauce toujours. Cette espérance repose dans notre
sein, elle console nos cœurs, elle nous soutient et rend la

1 Cf. Ant. Court. xi, fᵒ 272. Serres l'ainé et Serres le jeune à M. de la Bridonnière, à Berne.

Joye et Laliesse à nos âmes, car celuy qui nous l'a promis et qui nous en assure est fidelle.

La Dispersion qui arriva après la mort d'Etienne servit par les soins de la providence à faire connoître Jésus-Christ en plusieurs lieux ou les Disciples s'étoient enfuis, vous n'êtes pas chrétiens réfugiés chez des étrangers de la République d'Israël [1], Ils connoissent véritablement Jésus-Christ et le recueillent en la personne de ses membres. Mais puissiez-vous les édifier si efficacement par votre sainte conversation, que voyant votre sage conduite, vos bonnes mœurs et votre vie sans reproche. Ils glorifient notre père qui est aux cieux et disent c'est le peuple de Dieu. Dieu fait merveille à ceux-cy. Recommandez-nous s'il vous plaît à leurs saintes prières tant publiques que privées. Nous prions aussi pour eux dans les notres avec toute l'ardeur dont nous sommes capables suppliant le Seigneur qu'il les reçoive un jour dans ses Tabernacles Eternels, comme ils vous reçoivent aujourd'huy dans leurs maisons.

> *Parce que rangés devant toy,*
> *Mes frères et prochains je voy,*
> *Faut que pour toi prière fasse,*
> *A cause aussy du Saint Lieu,*
> *de la Ste maison de Dieu,*
> *Il n'est bien qui ne te pourchasse.*
> *Amen.*

Il est vray, comme vous dittes Mademoiselle, que « nous » ne devons craindre aucun évènement, que la chaine de » grâce est plus forte que celle que les hommes nous font » porter. Le premier chainon, dites vous, est l'élection de » Dieu: le dernier est la glorification des Elus ». Cela est très bien. Mais les chainons qu'il faut au milieu nous font toute la peine, qui sont la pureté, la pratique de toutes les vertus, en un mot la sanctification, sans laquelle nul ne verra jamais le Seigneur. Dieu fait seul le premier par un effet de son bon plaisir, et il veut que nous concourions à faire ceux du milieu, il veut que nous y travaillons avec Luy. Si nous voulons qu'Il y mette la dernière main pour parachever ce

---

[1] La lettre est à Mlle de Peray, en Hollande.

qu'il a commencé et couronner en sa miséricorde son œuvre, nous craignons bien de ne seconder pas ses desseins comme il le faut. Nous clochons en allant à Bethel et nous ne faisons pas le bien que nous voudrions faire. Dieu veut nous délivrer par sa grâce du corps de nos foiblesses et de nos infirmités [1]...

David Serres a des accents plus vigoureux et énergiques :

... Ce que vous nous apprenez et ce que nous apprenons de toutes parts du funeste état et des déplorables dispositions de nos malheureux frères de France aussi bien que des réfugiés est assurément quelque chose de bien triste et de bien affligeant, il faudrait être bien insensible à la froissure de Joseph pour n'en pas être touché et pénétré jusqu'au fond du cœur ou même pour n'en pas frémir d'horreur. Hélas ! comment pouvons-nous espérer la paix de Jérusalem pendant que nous continuerons d'être si méchants puisque l'Éternel déclare si formellement par la bouche de son prophète Isaïe qu'il n'y a point de place pour les méchants? Comment ceux qui sont libres peuvent-ils se flatter et se réjouir dans leur fausse liberté pendant qu'ils sont les misérables esclaves du démon et des convoitises de la chair? Comment ceux qui sont liés pour l'Évangile peuvent-ils se glorifier de leurs chaines et de leurs souffrances pendant qu'ils persévèrent dans leurs impuretés et dans leurs souillures et qu'ils déshonorent leur profession et la vérité qu'ils confessent par leur désordres de leur conduite? Comment les uns et les autres peuvent-ils attendre avec quelque confiance la délivrance de l'Éternel pendant qu'ils continuent à l'irriter par leur crimes détestables et qu'ils exposent si indignement son adorable nom et sa sainte doctrine à la moquerie et au blasphème de ses adversaires?

O Dieu ayez pitié de nous car le bien aimé est défailli ! Car les véritables ont pris fin d'entre les fils des hommes. Certainement nous pouvons dire avec trop de vérité que toute chair a corrompu sa voie et que depuis la plante du

[1] Cf. Ant. Court. xiii, f° 77. Serres et Bancilhon à Mlle de Peray, en Hollande.

pied jusqu'au sommet de la tête il n'y a rien d'entier. Et si l'Eternel des armées ne nous eut laissé quelque petit résidu selon l'élection de grâce nous aurions été comme Sodome et serions en tout semblables à Gomorrhe. Il me semble que j'entends la souveraine sagesse qui nous dit à tous en général en se riant de notre calamité et nous reprochant notre impenitence : Vous avez haï la science et n'avez point choisi la crainte de l'Eternel. Vous n'avez point eu à gré mon conseil, vous avez dédaigné toutes mes repréhensions. Mangez donc le fruit de votre train et soulez-vous de vos conseils, car l'aise des sots les tue et la prospérité des fous les perd[1].....

..... Nous désirons tous avec passion de nous sauver et d'éviter les peines éternelles, mais il y en a très peu qui embrassent les véritables moyens qui peuvent conduire à cette fin : ceux mêmes qui croient les avoir embrassés se trouvent souvent bien éloignés de leur compte, c'est un article sur lequel nous nous trompons facilement, car comme nous aimons naturellement à nous séduire et à nous flatter, nous nous persuadons aisément que nous sommes fort avancés vers le but de notre course lorsque nous en sommes les plus reculés. Je le sais presentement par expérience et c'est l'unique cause de ma tristesse. Je croyais d'être riche et n'avoir presque faute de rien : je ne connaissais pas que j'étais pauvre et misérable et aveugle et nu. Les louanges qu'on me donnait trop libéralement et la bonne opinion que j'avais conçue de moi-même trop légèrement m'avaient fermé les yeux et m'empêchaient de connaitre ma misère et de voir mes défauts.....

..... Je m'efforce de m'approcher de la divine source qui seule peut me désaltérer, mais je sens tant de résistance de la part de ma chair que tous mes efforts ne sont presque pas capables de me faire perdre terre. Mon cœur est toujours plein de pensées qui le troublent et mon âme remplie de doutes et de frayeurs de sorte que je puis dire ce que disait dans les psaumes 77 et 88 [le Psalmiste]. Prie donc avec ardeur

[1] Cf. Ant. Court xi, f° 11. Serres le puiné à La Sauvagerie de la Place, juillet 1696.

le Tout Puissant qu'il change par sa grâce efficace et salu-
taire mes doutes en une véritable foi, mes craintes en une
espérance ferme, mes défiances en une confiance inébranla-
ble qui brise entièrement la dureté de mon cœur; qu'il me
donne une sérieuse repentance du passé et toutes les précieu-
ses grâces qui me sont nécessaires pour l'avenir et qu'il ne
permette pas que je retombe dans cette sécurité charnelle
dans laquelle j'ai vécu jusqu'ici[1]...

Voici enfin l'expression bien nette de l'admirable confiance et de la sécurité parfaite de Jean Serres :

..... Nous avons d'autre part un grand sacrificateur qui
peut sauver à plein tous ceux qui s'approchent de Dieu par
son entremise, étant toujours vivant pour intercéder pour
nous et il n'est pas tel qu'il ne sache pas compatir à nos
infirmités puisqu'il a été lui-même environné d'infirmité;
sa grande miséricorde fait et fera toujours toute ma con-
fiance. C'est le véritable Agneau de Dieu qui ôte les péchés
du monde; pendant que la porte de mon âme sera arrosée
du sang adorable de cet Agneau sans tache et sans macule;
je suis assuré, tout grand pécheur que je suis, que l'Ange
destructeur ne pourra point approcher de moi pour me
nuire et qu'il ne sera point en son pouvoir de me ravir à la
main de celui qui est mort ignominieusement sur une croix
pour me racheter de la mort éternelle. Je confesse que ce bon
Sauveur m'a fait ressentir la pesanteur de sa main avec
beaucoup de rigueur; mais je suis obligé de reconnaître la
justice de sa verge dans toutes les amertumes qu'il m'a fait
goûter. J'abusai malheureusement de sa longue patience,
je fermai l'oreille à sa voix céleste et à toutes ces douces
invitations et je ne pensais qu'à suivre avec opiniâtreté
l'égarement de mes passions mondaines et criminelles. C'est
donc justement qu'il m'a frappé pour me faire recevoir
instruction. Je reconnais même la grandeur de sa miséri-
corde dans les châtiments qu'il m'a fait endurer, car il m'a

---

[1] Cf. Ant. Court xi f° 347. Lettre à Mlle de La Roque, Marseille, fin mai 691. Cette lettre est attribuée à tort, ainsi que quelques autres de 1690 et 1691, à *Serres le Jeune*. David Serres s'y trahit nettement en parlant de son frère aîné et de son frère cadet.

*châtié pour mon profit afin que je ne fusse point condamné
avec le monde et j'attends de sa bonté paternelle qu'il me
fasse expérimenter un jour agréablement la vérité de ce que
nous enseigne l'apôtre Saint Paul : que le châtiment qui sur
l'heure ne semble pas être de joie mais de tristesse produit
ensuite un fruit paisible de justice à ceux qui sont exercés
par icelui.....*

*..... Que la crainte des afflictions ne nous fasse pas non
plus tomber dans l'infidélité, puisque l'évangile nous enseigne que c'est là le véritable partage des véritables enfants
de Dieu et que l'expérience de tous les siècles nous apprend
que l'Agneau pascal des chrétiens ne se mange pas avec le
miel des douceurs du siècle, mais avec les herbes amères des
traverses et des persécutions pour le nom de Jésus. Nous ne
saurions éviter de boire les eaux amères du désert de ce
monde avant que d'entrer dans notre Canaan céleste : Ne
murmurons donc point contre la Providence divine qui
permet que nous soupirions encore sous l'oppression de nos
ennemis mais soumettons-nous avec une entière résignation
à ses ordres sacrés, étant assurés que si nous semons avec
larmes nous recueillerons avec chant de triomphe la vie
éternelle[1].....*

Nous les admirons, ces trois huguenots, pronon-
çant de telles paroles au milieu de leurs chaînes, de
leurs coups, de leur martyre, revêtus de la casaque
de cordillac et du bonnet de laine. Ces trois nobles
figures semblent nous redire, souriantes et paisibles,
ces mots qu'un compagnon des galères écrivait à sa
femme : « Si tu me voyais dans mes beaux habits de
forçat, tu serais ravie[2] ».

[1] Cf. Ant. Court. xi f° 364. Serres le jeune à Mlle de La Roque, sans date.
[2] Cf. Bull. xv, p. 294

Listes de galériens protestants

PREMIÈRE LISTE

Galériens protestants « opiniastres » libérés par ordre du roi en date du 17 mai 1713

TABLEAU A [1]

Liste des protestants qui ont souffert la peine des galères de France, pour cause de Religion, et qui ont été délivrez le 17 de juin 1713, en conséquence de l'ordre du Roy, en date du 17 de mai 1713.

De par le Roy,

Sa Majesté voulant que les cent trente-six forçats, servans actuellement sur les Galères, denommez au présent Rolle. soient mis en liberté, à condition que dans le même temps, et sans délai, ils se retirent dans les pays étrangers : sinon et à faute de ce, qu'ils soient arrêtez et remis sur les Galères, pour y rester pendant leur vie ; Sa Majesté leur faisant défense de rester dans le Royaume sous les mêmes peines, et ordonne aux Commissaires et Controleurs ayant le détail des chiourmes, de les faire détacher de la chaine, moyennant quoi ils en demeureront bien et valablement déchargez. Mande Sa Majesté au Sr. de Tessé Général des Galères, et au Sr. Arnoul Intendant d'icelles, de tenir la main, chacun selon l'autorité de sa charge, à l'exécution du présent ordre.

Fait à Marly le 17 de mai 1713. Signé, Louis, et plus bas, Philipeaux.

TABLEAU B [2]

du dit jour 17 may

Rolle des 137 forçats religionnaires auxquels le Roy a accordé la liberté à condition que dans le mesme temps et sans aucun delay ils se retireront dans les Pays Etrangers sinon et à faute de ce qu'ils soient arrestez et remis sur les Galères pour y rester pendant leur vie, Sa Majesté leur faisant deffense de rentrer dans le Royaume sous les mesmes peines. Marseille.

Sçauoir:

---

[1] Le tableau A contient la liste renfermée dans une brochure sans nom de lieu ni d'imprimeur et sans date de la bibliothèque de M. Vesson. Cette liste a été dressée ainsi que d'autres placées ci-après, en 1715. (Voir Pelet, baron de Salgas, dans la liste de la France protestante, 2e éditon, articles Fabre, Rocayrol et Lacrois). Nous devons ces renseignements et ces documents à la bienveillance de M. le pasteur Benoit.

[2] Le tableau B contient la liste officielle, dressée pour le compte de Louis XIV par le ministre de la marine, et jointe à l'ordre de libération. Cf. Archives de la Marine, Ordres et dépesches, 17 may 1713.

Tableau A

N° d'ordre des listes	Noms des galériens	N° matricule	Années de galères
1	Louis Manuel	11869	24
2	Antoine Mercier	11657	24
3	Salomon Bourget	20889	16
4	David Vole	13668	22
5	Jaques Pinard	35921	3
6	Jacques Fauché	25728	12
7	Abraham Rispail du Caston	9849	25
8	Daniel Crox	11383	24
9	François Rochebillaire	16583	19
10	Fiacre Diablain	17552	20
11	DanielBoulonnois	20769	16
12	Daniel Gout ou Etienne Gaut	21730	15
13	David Tessier	21731	15
14	Barthelemy Rossignol	11860	24
15	Jacques du Four	13946	22
16	Pierre Angereau	13674	22
17	Jean Daudet	15912	20
18	Jean Molet	11380	24
19	Pierre Sauzet	12323	23
20	Louis Chapelier	14272	21
21	Jean Semaine	11663	24
22	André Gazeau	10319	25
23	Louis Izoire	21820	15
24	LaurensFoulquier	21506	15
25	Daniel Compte	10313	25
26	Elie Pichot	16228	20
27	Sanson Labuscagne	16229	20
28	Simon Pinot	22519	23
29	Jacques Dupont	12938	22
30	Jean Guiraud	12954	22
31	Jacques Drillaud	23538	16
32	BenjaminGermain	20894	16
33	André Reschas	22347	15

Tableau B

Noms des galériens	N° matricule
Louis Manuel	11869
Antoine Mercier	11657
Salomon Bourget	20889
Dauid Vosla	13668
Jacques Fauché	25728
Jacques Pinard	35921
Pierre Leques	21732
Abraham Raspail du Coston	9894
Daniel Crosse	11383
françois Roshehillière	16583
fiacre Diablain	17552
Daniel Boulonois	20769
Estienne Goutte	21730
Daniel Texier	21731
Barthelmy Rossignol	11860
Jacques Dufour	13946
Pierre Augerot	13674
Jean Daudet	15912
Jean Molle	11380
Pierre Sauzet	12323
Louis Cappellier	14272
Jean Lamene	11663
André Gazeau	10319
Louis Isouard	10319
Louis Isouard	21820
Laurens foulquier	21506
Daniel le Comte	10313
Hélie Pichot	16228
Sanson Labuscagne	16229
Simon Pinaud	12519
Jacques Dupont	12938
Jean Guireaud	12954
Jacques Drilleau	23538

TABLEAU A				TABLEAU B	
N°. d'ordre des listes	Noms des galériens	N° matricule	Années de galères	Noms des galériens	N° matricule
34	Daniel Rougeau	23524	16	BenjaminGermain	20891
35	Pierre Maillet	14273	21	André Rachard	22347
36	Charles Sabatier	21871	15	Daniel Rougeaux	23524
37	JacquesSouleyran	24833	15	Pierre Maillet	14273
38	Louis Duclaux	11675	24	Charles Sabatier	21871
39	André Pelecuer	13262	22	Jacques Souleau	24833
40	Michel Chabry	21863	15	Louis Duclos	11675
41	Pierre Boulogne	7636	27	André Pelquet	13262
42	Claude Sauvet	10222	25	Mishel Chabrier	21863
43	Antoine Chabert	19320	18	Pierre Boulogne	7636
44	ClémentPatonnier	8381	27	Claude Saunet	10222
45	Etienne Salles	14669	21	Antoine Chabert	19320
46	Jean Berru	11682	24	ClémentPatonnier	8381
47	Jean Biau	15842	20	Estienne Salles	14699
48	François Courte-serre	21812	15	Jean Berne	11686
49	Jacques Bruzun	21841	15	Jean Biau	15842
50	Jean Lostalet	9487	26	françois Coste-serre	21812
51	Gaullaume Roux	12538	23	Jacques Bresun	21841
52	Daniel Arzac	19712	17	Jean Loustalet	9487
53	Gabriel Lauron	21821	15	Guillaume Roux	12538
54	Jacques Castagne	21825	15	Daniel Arsat	19712
55	Antoine Perrier	11171	23	Gabriel Laurous	21821
56	Jean Vestiou	21804	15	Jacques Castain	21825
57	Israël Bouchet	12851	23	Antoine Pergeir	12875
58	Josué Chaigneou	23613	6	Jean Vesteau	21804
59	Pierre Bastide	11699	24	Israël Bouche	12851
60	Pierre Meynadier	11868	24	Josué Chaigneau	23643
61	Joseph Courbière	11321	24	Pierre Bastide	11699
62	Jean Vincent Mail-let	12392	24	Pierre Meynadier	11868
63	Marc Antoine Re-boul	11668	24	Joseph Courbière	12321
64	Pierre Chapelle	12162	23	Jean Vincent Mail-let	11392
65	Jean Marcelin	11658	24	Marc Antoine Re-bourt	11668
66	Claude Pavie	23808	14	Pierre Chappelle	12162
67	Jean Detempes	21843	15	Jean Marcelin	11658

	TABLEAU A			TABLEAU B	
N° d'ordre des listes	Noms des galériens	N° matricule	Années de galères	Noms des galériens	N° matricule
68	Alexandre Astier	11356	24	Jean de Temple	21843
69	Jean Martin	14283	21	Claude Pabion	23808
70	Antoine Perrier	11662	23	Alexandre Astier	11356
71	Etienne Jalabert	21867	15	Jean Martin	14283
72	Jacques Primarin	14268	21	Antoine Perrier	11662
73	Jacques Marteille	16231	20	Estienne Jalaber	21867
74	Jacques Perridier	15913	20	Jacques Puech Martin	14268
75	Jean Vilaret	9942	25	Jacques Marseille	16231
76	Jean François Monblanc	9390	26	Jacques Peridier	15913
77	Jacques Durand	23812	14	Pierre Peridier	15915
78	Pierre Richard	8069	27	Jean Villeray	9942
79	David Douvié	11684	24	Jean françois Malblanc	9390
80	Jean Cazalet	9486	26	Jacques Durand	23812
81	Jean Pierre Clair	15933	20	Pierre Richard	8069
82	Charles Bouin	10327	25	Dauid Douit	11684
83	Abel Damouin	11981	23	Jean Cazalet	9486
84	Jacques Ruland	25719	19	Jean Pierre Clair	15933
85	Daniel Basque	11982	12	Charles Bouin	10327
86	Etienne Damouin	17272	23	Abel Damoin	11981
87	Jean Rougé	24899	13	Daniel Basque	25719
88	Jean Bonnelle	24296	13	Estienne Damoin	11982
89	Charles Melon	7632	27	Jacques Rouleau	17272
90	Céphas Carrière	7875	15	Jean Rouget	24899
91	David Serres	7876	27	Jean Bonnelle	24296
92	Elie Maurin ou Mauru	11652	27	Charles Mellon	7632
93	Jean-Baptiste Baneilhon	11653	24	Céphas Carrière	21854
94	Jean Serres	7877	27	Daniel ou Dauid Serre	7876
95	Pierre Carrière	8755	26	Estienne Maurin	7884
96	Jean Barthe	13962	22	Jean-baptiste Bansillon	11652
97	Pierre Barraca	13652	22	Jean Serre	7877
98	Jean Bourrely	10953	24	pierre Carrière	8755
99	Michel Gascoel	11672	24	Jean Barthe	13963
100	Pierre Lafon	10957	24	Pierre Baracas	13652

	TABLEAU A			TABLEAU B	
N° d'ordre des listes	Noms des galériens	N° matricule	Années de galères	Noms des galériens	N° matricule
101	André Bousquet	19711	17	Jean Bourelly	10953
102	Pierre Soulegran	21840	15	Michel Gazenel	11672
103	Pierre Quet	8046	27	Pierre Lafond	10957
104	Antoine Grange	11840	24	André Bousquet	19711
105	Isaac Apostoly	9376	26	Pierre Soulerol	21840
106	Antoine Aquilon	18560	18	Pierre Quet	8046
107	Jean Marteilhe	37986	12	Antoine Grange	11840
108	Pierre Péridier	15915	20	Isaac Apostolique	9376
109	Laurens Jacob	37997	9	Antoine Aquillon	18560
110	Jean Senegat	21467	16	Jean Martheille	37986
111	Bertrand Aurelle	11396	24	Laurens Jacob	37997
112	Jacques Vigne	10964	24	Jean Senegal	21467
113	Pierre Gay	15443	20	Bertrand Aural ou Oult	11396
114	Mathieu Duny	22357	15	Jacques Vigne	10964
115	Moyse Reynaud	11010	24	Pierre Gay	15443
116	David Comte	10952	24	Mathieu Dunis	22357
117	Pierre Valat	10956	24	Moyse Reynaud	11010
118	Jacques Maurel	8552	27	Dauid Comte	10952
119	Jean Pierre	17271	19	Pierre Valat	10956
120	Jean Daudet	15911	20	Jacques Maurel	8552
121	JeanAntoinePenel	11391	24	Jean Pierre	17271
122	Louis Cochet	10655	25	Jean Daudet	15911
123	PierreRoumageon	21728	15	JeanAntoinePenel	11391
124	Pierre Reymond	14080	21	Louis Cochet	10655
125	Etienne Arnal	14538	21	PierreRoumegeou	21728
126	Jean Maurin	12086	23	Pierre Reymond	14080
127	Jean Soulage	13653	22	Estienne Arnal	14538
128	Jean Genre	11680	24	Jean Maurin	12086
129	François Sabatier	11670	24	Jean Soulage	13653
130	Antoine Privat	21848	15	Jean Gesure	11680
131	Jacques Amentier	28799	8	françois Sabatier	11670
132	Jacques Cabanis	30318	7	Antoine Priuat	21848
133	David Roubeau	36591	10	JacquesArmentier	28799
134	Jean Roustan	27972	10	Jacques Cabanis	30318
135	Pierre Servière	26991	11	Dauid Roubaud	26591
136	Pierre Seques	21732	16	Jean Roustan	27972
137				Pierre Seruiere	26991
	Total 136			Total Cxxxvii [137]	

DEUXIÈME LISTE [1]

Galériens protestants « nouveaux convertis » libérés par ordre du roi en date du 17 mai 1713

AUTRE ROLLE DE 47 FORÇATS AUXQUELS LE ROY A ACCORDÉ
LA LIBERTÉ, SÇAUOIR

N° d'ordre	Noms des galériens	N° matricule	N° d'ordre	Noms des galériens	N° matricule
1	Abraham Blante-feure	23034	24	Christophle Cote-bras	36020
2	Pierre Bredon	20869	25	françois Eyquier	33951
3	Charles Liance	37989	26	Antoine Le Vastre	20620
4	Henry Bornan	37992	27	Claude Roque	28814
5	Jean Moulin	37993	28	Paul Aumide	26976
6	Jean Rozondal	37994	29	Jean Charles Priot ou Charles Co-rignan	22498
7	Albert Scoulze	37995	30	Jean Neglard Alle-mand	23833
8	fuleran Soulier	27652	31	Pierre Peladan	28836
9	Abraham Jacob du Laud	35783	32	Estienne Odoyet	30863
10	Jean Dubur	34493	33	Pierre Dombre	30314
11	Mathias oubaptiste françois ou francys	30510	34	Jean Jmbert	25217
12	Daniel Ricard	16154	35	Isaac Soulier	28816
13	Jean Georges Stuch ou Vegte Allemand	30192	36	Pierre Caualier	33577
14	Louis Ducros	21050	37	françois Repert	25998
15	Pierre ferinier	27893	38	André Pascau ou Pasteau	23856
16	Jacques Beaumier	30890	39	Théodore Mar-chand	34196
17	Charles Daguil-lard	29981	40	Antoine Bouscus	29015
18	Jacques Jamban St-André	18771	41	françois Telliere	34201
19	Jean Gautier ou Moitier	24613	42	françois Pellé	33935
20	Joseph Lafargue ou Blafard	20422	43	Pierre Comtois	29260
21	Jacob Quaibre	34583	44	Pierre Larsher	34548
22	Jean Hondrelaishe	34582	45	Jean Roger	30228
23	Joannes Quenop	36076	46	Jean Mazere	27556
			47	Alexandre Lauar-det	35780
				Total xlvii [47]	

[1] Liste officielle, dressée pour le compte de Louis XIV, par le ministre de la marine, et jointe à l'ordre de libération Cf. Archives de la Marine. Ordres et dépesches, 17 may 1713.

TROISIÈME LISTE

Galériens protestants « opiniastres » libérés par ordre du roi en date du 7 mars 1714

	TABLEAU AA [1]			TABLEAU BB [2]	
	Liste Des Protestants qui ont souffert la peine des galères de France pour cause de religion et qui en ont été délivrez en vertu d'un ordre du Roy, en date du 7 de Mars 1714.			Ledit Jour 7 mars Rolle de 44 forçats auxquels le Roy a accordé la liberté à condition de sortir du royaume. sçauoir	
N° d'ordre	Noms des galériens	N° matricule	Années de galères	Noms des galériens	N° matricule
1	Isaac Lavenne	26216	13	Isaac Le Veneur	26216
2	Pierre Didier	11823	24	Pierre Bretaud	19833
3	Pierre Bertrand	19833	18	Jean ferrier	25659
4	Pierre Martinengue	21482	16	Pierre Boyer	11238
5	Jean Périez	25659	13	André Thiers	11825
6	Claude de Beau ou de Bos	25193	13	Jean Estrang	11819
7	Pierre Boyer	11238	13	Estienne ferre	11820
8	Jean Musseton	11690	25	Mathieu de Mars	25712
9	André Thier	11825	25	Jean Premier	10997
10	Jean Bautias, dit Estran	11817	25	Estienne Pastre	11829
11	Jean Gachon	11819	25	Pierre Serre	7875
12	Pierre Gaillard	25725	13	Jean Seuerat	14282
13	Etienne Fer	11820	25	Pierre Blanc	11236
14	François Augier	11826	25	Daniel Gras	37996
15	Mathieu Demars	25712	13	Jacques Blanc	11812
16	Etienne Vincent	26911	12	Jean Julien	10981
17	Jean Prunier	10997	25	Daniel Rousselin	23522
18	Jean Galien	19316	19	françois Martinet	26997
19	Etienne Poret	11829	25	Louis Bourdaret	29262
20	Etienne Tardieu	11808	25	André fraise	29257
21	Pierre Serres	7875	28	Pierre Julien	29273
22	Jean Bancilhon	11811	25	Louis Bertrand	26118
23	Philippes Tardieu	10987	26	Pierre Didier	11823
24	Pierre Blanc	11236	25	Pierre Martininque	21484

[1] La liste du tableau AA provient de la même source que la première liste; tableau A Cf. ci-dessus (note 1 de la première liste).
[2] La listte du tableau BB est la liste officielle, dressée pour le compte de Louis XIV par le ministre de la marine, et jointe à l'ordre de libération. Cf. Archives de la Marine. **Ordres et dépesches, 7 mars 1714.**

Tableau AA			Tableau BB	

N° d'ordre	Noms des galériens	N° matricule	Années de galères	Noms desgalériens	N° matricule
25	François Noireau	37990	13	Claude Dubeau	25793
26	Daniel le Gras	37996	12	Jean Musseton	11690
27	Etienne Mesge	26116	12	Jean Gacheon ou Bautias	11817
28	Jacques Blanc	11812	25	Pierre Gaillard	25725
29	Abraham Janoir	6446	30[1]	françois Augier	11826
30	Jean Juillen	10981	26	Estienne Vincent	26911
31	Jean Lardent	9254	27	Jean Galien	19316
32	Daniel Rousselin	23522	17	Estienne Tardieu	11808
33	Philippes Turc	10991	26	Jean Bansillon	11811
34	François Martinel	26997	11	Philippes Tardieu	10987
35	Garcin David	29256	9	françois Noireau	37990
36	Louis Bourdariez	29292	9	Estienne Meyny ou Merge	26116
37	Henry Leotard	29059	9	Abraham Jannaire	6446
38	André Fraissé	29257	9	Jean Lardant	9254
39	Antoine Daufin	29057	9	Philipes Truc	10991
40	Pierre Juillen	29273	9	Garent Dauid	29259
41	Isaac Bourry	29055	9	Henry Liotaud	29059
42	Louis Bertrand	26118	13	Antoine Dauphin	29057
43	Claude Terrasson	29060	9	Jean ou Isaac Boury	29055
44	Jean Saverac	14282	22	Claude Terrasson	29060

Total 44

A condition que dans le mesme temps et sans aucun delay, Jls se retireront dans les pays Etrangers sinon et. à faute de ce qu'jls soient arrestez et remis sur les Galères pour y rester pendant leur vie.

[1] Ce chiffre manque à la liste de la brochure que nous a communiquée M. le pasteur Benoit. Nous le rétablissons d'après Bull. XXXVIII, p. 158. Janoir condamné en 1684.

QUATRIÈME LISTE

des Protestants qui souffrent actuellement la peine des galères de France pour cause de religion depuis 19 ans et au-dessous

N° matricule	Noms des galériens	Années de galères	N° matricule	Noms des galériens	Années de galères
	La Réale Bleue			**La Souveraine**	
27645	Noël Bieau	12	27643	François Bigot	12
28239	Jean Lantocire	11		**La Superbe**	
29591	Isaac Boissier	10	27309	Daniel Paech	11
28811	Jean Istier	11	28516	Jean Fasié	11
28614	Denis Dosten	13	27374	Atoine André	12
28815	Claude Bechard	11		**La Princesse**	
	La Patronne		29643	Pierre Combette	10
35871	Jean Chabrier	5	31890	David Coudresy	8
	La Valeur		15261	Jean Claude de la Fosse	17
28823	Jean Hengue	11	38160	† Jacob Crinquer	?
27312	Noel Guérin	13		**L'Héroïne**	
30792	Jean Malet	9	26141	Etienne Auzière	14
30902	Isaac Gauchon	9	29576	Jean Pougueau	10
32776	Pierre Fonbonne	7		**L'Éclatante**	
27659	Pierre Dupont	9	29574	Antoine Reynaud	10
36647	† Pierre Martin	4	33582	Jacques Bergeon	?
34527	Antoine Millière	5	28822	Jacques Isaard	10
	L'Amazonne		28243	Claude Roger	11
27650	Jacques Rocquete	12		**La Favorite**	
27308	Jacques Olivier	12	27311	Antoine Chabrol	12
28795	Louis Dufer	10	26416	Simon Cazalet	13
28200	Guillaume Rousel	11	28829	Jacques Merlet	11
37639	† François Rozet	3		**La Fidelle**	
	La Couronne		26589	Pierre Chardenon	13
28333	Pierre Saint-Jean	11	27666	Moïse Bretet	12
27305	Jean Peyre	12	27304	Jean Manuel	12
28834	Etienne Bouyer	11	27657	Israël Bernard	12
29593	Jean Verdaillon	10	31211	† David Morin	5
28238	Jacques Granier	11	37246	Michel Clavel	3
	La Fière		39162	† Jean Harrisson	2
26129	Jean Marlier } deux frères	14		**La Fleur-de-lis**	
26128	Jacques Marlier	14	26413	René Prat	14
28204	David Mafré	11	36875	François Pontoux	3
29628	Etienne Apole	10		**La Conquérante**	
29515	Pierre Gautier (libéré en 1717, 16 nov.) Bull. XI, p. 180.	10	27664	Jean Favas	12

N° matricule	Noms des galériens	Années de galères	N° matricule	Noms des galériens	Années de galères
28235	Marc Foucard	11		La **Perle**	
	La **Duchesse**		27646	Adrien Triac	12
28197	Jean Fize	12	35382	Isaac Jougla	5
28810	Jean Boudet	10		La **France**	
	L'Invincible		27651	Jean Mommejan	12
27376	Jean Rampon	12	33583	Louis Berger	6
27375	Antoine Rampon	12		La **Grande Réale**	
28827	Michel Gossen	11	26130	Pierre Marlier	14
29624	Jean Roumieou	10	27658	Jacques Brunel	12
37978	Antoine Coulet	6	19576	Joseph de Nancy	19
37562	Paul Dormon	3	29583	Cézard Dorte	10
37063	Pierre Barrié	3	29592	Antoine Martel	10
	La **Madame**		33975	Pascal Delon	6
37315	Jacques Combernon	12	24861	Pierre Nadeau	15
27647	Adam Castant	12	37991	Artamant Griger	10
38924	Isaac Ramon	2	37998	† Jean l'Allemand	3
	La **Guerrière**		26594	Roustan Glaize	13
26391	Jean Deleuse	14	31134	Pierre Muret	9
28819	Elie Marignan	11		La **Vieille Réale**	
28818	Jean André	11	22632	David Petit	16
27378	Jean Quet	12	28231	Joseph Ricard	11
28241	André Meyge	11	28825	Fulerand Fremeau	
27649	Louis Brugière	12		(Fourmeau)	11
28221	Laurens Paulet	11	33587	Jean Bourrillon	5
36356	Guillaume Arnal	5	24693	Claude Vilaret	15
36642	Jean Louis Daser	3	25735	David du Mas	14
29115	† Jean Votgant	10	28809	Isaac Esperendieu	11
39336	† Jean Guillaume	2	28835	Louis Favete	11
	La **Gloire**		27653	Jean Fabre	12
26135	Antoine Rolland	14	30821	Jean Luneau	6
26399	Jean Pierre Languelle	14	27314	Jacques Thomas	12
27302	Jacques Fontagnou	12	30789	Atoine Clavel	6
28830	André Bourrely	11	29627	Abraham Vigier	10
29579	François Flessière	11		A l'**Hôpital**	
26885	Jean Campet	13	27996	Monsieur François	
34434	Bendie Martin	6		Pelet Baron de	
36964	Pierre Joseph de Rive	3		Salgas	12
	La **Magnanime**		31880	Tobie Rocairol	8
27371	Jean Chapon	12	29577	Jean Lacroix	10
27906	Jean Barrandon	12			
33974	Jean Maurel	6		**Total 123.**	

NOTA. — M. le pasteur Fonbrune-Berbinau a publié dans le *Bulletin de l'Histoire du Protestantisme français* (XXXVIII, p. 146), une liste de protestants retenus à Marseille après la libération des 136 en 1713, et datée du 1er février 1714. Nous y avons trouvé 174 noms, parmi lesquels se trouvent les 44 libérés par ordre du 7 mars 1714. Il serait donc resté à Marseille après cette dernière date, 130 protestants sur les galères ou à l'hôpital, ou encore dans les prisons. 8 noms de la liste ci-dessus (gracieusement communiquée par M. le pasteur Benoît), ne se trouvent pas sur la liste de M. Fonbrune-Berbinau. Nous les avons précédés d'une †. D'autre part, les quinze noms suivants manquent à la liste de M. Benoît et se trouvent sur la liste de M. Fonbrune-Berbinau, ce qui porterait à 138 le nombre des galériens protestants détenus à Marseille après le 7 mars 1714 :

Jacques Brun	26592	condamné en	1701
Jean Broussan	26977	»	1702
Jean Granier	30791	»	1706
Jacques Clavel	38925	»	1713
Jean Nerse	28246	»	1704
Claude Castan	28797	»	1705
David Mouvaille	28826	»	1705
Jean Brieisse	29575	»	1705
Jean Ruat	30315	»	1706
Claude Brun	31881	»	1707
Joachim Lautrec	10622	»	1688
Antoine Rigail	34613	»	1710
Jean de Banque ou de Bin	35649	»	1710
Philippe Beauchamp	36629	»	1712
Pierre La Grange	36879	»	1712

Table des Matières

CAHORS, IMP, TYPOGRAPHIQUE A. COUESLANT.

www.ingramcontent.com/pod-product-compliance
Lightning Source LLC
Chambersburg PA
CBHW050000100426
42739CB00011B/2456